옥이샘의 뚝딱 미술

옥이샘의 뚝딱 미술

초등 미술과 학급 운영을 하나로

글·그림·사진 옥상헌

지식프레임

삶을 위한 시각문화 학급운영

시각문화는 전통적인 미술뿐만 아니라, 캐릭터, 만화, 사진, 영상, 일러스트, 애니메이션, 대중미술 등을 모두 포괄하는 개념입니다. 즉, 문화적 맥락 속에서 만들어진 우리 주변의 시각적 대상들을 의미합니다. 디지털 미디어가 발달하면서 시각문화는 더욱 아이들의 생활 속에 깊숙이 함께하고 있습니다.

이러한 시대적 흐름과 교육 환경의 변화에 따라 시각문화 미술교육(VCAE : Visual Culture Art Education) 이론이 등장하기 시작했습니다. 이 이론에서는 시각문화에 대한 비판적 해석과 이를 주체적으로 활용할 수 있는 능력 그리고 사회, 문화적인 의미와 역할 탐색을 강조합니다.

이러한 시각문화교육을 비단 미술 교과에만 국한시키지 않고 학급운영 전반에 적용한 것이 바로 '시각문화 학급운영(VCCM : Visual Culture Class Management)'입니다. 단순히 장식적이고 환경을 아름답게 꾸미는 역할을 넘어서 미술을 학급운영의 주축으로 활용하고자 합니다.

시각문화 학급운영은 다음과 같은 다섯 가지 틀에 기초합니다.

첫째, 시각문화에 대한 아이들의 흥미를 존중하고, 창의적인 미술가의 관점에서 다양한 시각문화를 직접 창작하는 경험을 쌓도록 합니다.

뚝딱, 페이퍼 토이 • 으스스~ 바람귀신 • 내 입술 예쁘니? • 뚝딱, 캐릭터 부채 • 탱글탱글 젠탱글 • 운동화를 보고 그리자! • 자전거를 보고 그리자! • 꼬마 영수야, 놀자! • 처음 만나는 서양화 • 알록달록, 오방색 접시 • 모여서 하나로 • 도전! 팝아트 자화상 • 마티스가 픽토그램을 • 내 얼굴, 우리 얼굴 • 구부렁 구부렁 철사 동물 • 종이컵 동물 꼭두 • 교실 바다에 물고기가 한가득 • 범인을 잡아라, 몽타주 • 앗, 깜짝이야! • 상상으로 채우기 • 3단 분리 캐릭터 책

둘째, 아이들의 일상 속 디지털 매체를 적극 활용합니다.

풍경으로 채우자! • 분신술 복제 사진 만들기 • 우리 반 로봇 제작기 • UCC 영상 & 웹툰 도전기

셋째, 시각문화를 중심으로 여러 교과 수업과 생활 지도에 통합적인 접근을 시도합니다.

봉투는 사랑을 신고 • 캐릭터 책갈피로 독서 쑥쑥 • 동물농장 카드 봉투 • 회전 바람 인형 • 빨대 젓소로 우유 마시기 • 한글날 그림 글자 • 허허허, 허수아비 • 겨울에는 역시 눈사람 • 메리 크리스마스

넷째, 나와 타인에 대한 이해를 바탕으로 공감하고 서로 존중합니다.

> 만화 명패로 자기 소개하기 • 나의 꿈, 나의 미래 • 그림 글자로 내 이름 표현하기 • 톡톡, 친구사랑 톡 • 캐치캐치, 캐리커처 • 칙칙 친구, 칭찬 기차 • 친구 사랑 생일책 • 차분하게 만다라 • 나의 마음, 감정툰 • 감정 고깔 인형

다섯째, 시각문화를 통한 사회 참여와 공동체 가치를 추구합니다.

> 학교 비전 그림 공모전 • 내 그림으로 현수막을! • 생명의 복도 • 생명의 풍선 • 공동체 벽화 프로젝트 • 마음 모아, 글자 모아 • 마음 모아, 그림 모아 • 국경일 태극기 그리기 • 깊은 바다, 하늘에 그리다

이제는 미술 활동이 미술 교과의 울타리 안에서 단지 지식과 기능을 습득하는 데 그치지 않고, 아이들의 삶 속에서 가치를 실현하는 도구가 되길 바랍니다. 이런 관점에서 여러 선생님들께 시각문화 학급운영을 제안합니다.

이 책에서 소개하는 내용은 예시적인 활동이기 때문에 그대로 따라서 활용해도 되지만 창의적으로 변용하거나 선택적으로 활용하시길 권합니다. 도식적이고 정형화된 미술 활동이 아니라, 아이들의 눈과 손으로 완성하는 것이 중요하다고 생각합니다.

시각문화 학급운영은 완성된 형태가 아니라, 함께 만들어가는 과정이자 방향입니다. 진심을 담은 학급운영에 우열이 있다고 생각하지 않습니다. 여러분의 빛깔 있는 학급운영에 작은 보탬이 될 수 있다면 제게도 큰 기쁨이자 보람이 될 것입니다.

2018년 6월
옥상헌

Contents

● PART 3 드로잉으로 뚝딱!

● **PART 4 현대 미술로 뚝딱!**

● PART 9 시기에 맞게 뚝딱!

PART 1

학기 초에 뚝딱!

1-01 만화 명패로 자기 소개하기

1~6학년 ★★★★★ #학기초 #자기 소개 #나의 꿈 #나의 다짐 #아이들 이름 불러주기

학급운영 최고의 덕목은 바로 '관계'입니다.
학기 초 만화 명패 만들기 활동을 통해
아직은 낯선 아이들의 이름을 불러주면서
관계 맺기의 첫 단추를
잘 끼울 수 있습니다.

뒷면은
나의 꿈, 나의 다짐!

준비물 옥이샘 만화 명패 활동지, 색연필, 사인펜, 풀

활동방법

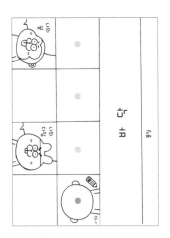

1   옥이샘 만화 명패 활동지를 인쇄하여 나눠준다.

2   ● 부분에 자기 얼굴을 만화 캐릭터처럼 자유롭게 그린다.

3   ● 부분에 자기 이름을 쓴다.

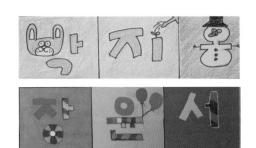

Tip 소소한 팁

• 사인펜으로 테두리를 그리고 이름 글자를 꾸미면 좋아요!
• 이름을 그림 글자(225p 참고)로 꾸밀 수도 있습니다.

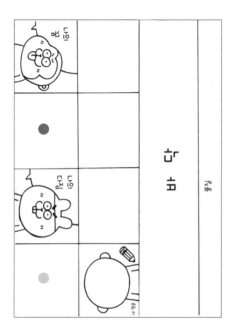

4 ● 부분에 나의 꿈을 적는다.

Tip 소소한 팁

나의 꿈을 적을 때는 단순히 직업만 적지 말고,
해당 직업을 꾸며주는 말을 함께 넣도록 합니다.

(예 : 아이들에게 사랑을 나누어주는 교사, 약한 사람들을 지켜주는 경찰,

가난한 사람들을 치료해 주는 의사 등)

5 ● 부분에 꿈을 이루기 위한 나의 다짐 또는 새 학년에서
내가 노력할 점을 적는다.

6 선을 따라 접어서 삼각기둥 형태로 만든다.

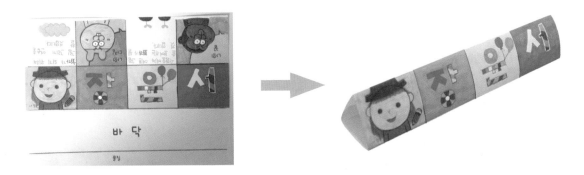

7 '풀칠'이라고 적힌 면에 풀칠을 하고 종이의 맞닿는 면을 서로 붙인다.

8 완성한 명패를 책상 위에 올려놓는다.

Tip 소소한 팁

투명 테이프를 둥글게 말아서 명패 바닥에 붙이면 책상 위에 고정시킬 수 있어요.

1-02 나의 꿈, 나의 미래

3~6학년 ★★★★★ #나의 꿈 그리기 #진로교육 #교실 뒷판 환경 #1인 1작품

미래의 직업을 정한 뒤
이를 통해 다른 사람에게 어떤 기쁨을 주고
우리 사회에 어떻게 공헌할 수 있을지 생각해 보도록 합니다.

준비물 4절(또는 8절) 도화지, 연필, 지우개, 검정색 유성매직, 가위, 물감, 붓, 팔레트, 물통

활동방법

1 미리 자신의 꿈과 관련된 미래 직업을 생각해 오도록 한다.

2 도화지 상단 1/2에는 얼굴을, 하단 1/2에는 몸을 연필로 그린다.

3 연필로 그린 스케치 선 위에 검정색 유성매직으로 덧그린다.

Tip 소소한 팁
핸드폰의 셀카 사진을 보고 그리면 좋아요. 핸드폰이 없는 아이의 경우 얼굴 사진을 인쇄해서 나눠줍니다.

Tip 소소한 팁
유성매직으로 덧그리면 색칠하기가 쉽고 형태가 더욱 명확해져요. 덧그리고 난 후, 지우개로 연필선을 지웁니다.

4 자유롭게 색칠한다.

5 선 위에 물감이 삐져나온 경우, 마지막에 검정색 유성매직으로 다시 한 번 선을 덧그려서 마무리한 뒤 완성된 그림을 가위로 오린다.

6 스테이플러를 이용해서 교실 뒷판에 완성된 작품을 붙인다.

Tip 소소한 팁

• 테두리 바깥을 여유 있게 남겨서 흰 부분이 보이게 오리면 더 예뻐요!
• 노란 색지를 말풍선처럼 만들어서 손글씨로 이름과 직업을 적으면 좋아요!

한 걸음 더 : 사회와 함께하는 나의 미래

단순히 원하는 직업을 얻는 것만이 꿈이 될 수는 없겠죠?
그 직업을 통해 우리가 사회에 어떤 도움을 주고 싶은지 수식어를 넣으면 더욱 좋답니다.
이 경우 문장의 의미가 중요하기 때문에 인물 부분만 오리지 말고 도화지 전체를 쓰도록 합니다.

사람들의 미소를 밝혀주는 치과의사   사람들의 눈을 밝게 해주는 화가   승객들의 안전을 책임지는 스튜어디스   사랑을 나누어주는 선생님

Tip 소소한 팁

프린터로 인쇄한 얼굴 사진을 붙여서 나의 꿈 그리기 활동을 할 수도 있습니다. 얼굴 부분을 남기고 그린 다음, 나중에 사진을 붙이면 됩니다.

얼굴 사진을
붙이는 위치

얼굴 그리기 지도법

아이들에게 얼굴을 그려보라고 하면 대부분 실제 얼굴을 보고 그리기보다는 자신의 관념 속에 있는 모양을 그립니다. 이러한 아이들에게 실제로 형태를 보고 그리도록 하면 매우 난감해 합니다. 세부 묘사에 신경을 쓰다 보면 전체적인 비율이 어색해지는 경우도 많습니다. 이를 방지하기 위해서는 연필로 연하게 보조선을 그리고, 이를 바탕으로 묘사를 하는 것이 좋습니다. 도식적인 그림에서 벗어나 아이들이 자신의 눈과 손으로 살아 있는 그림을 그릴 수 있도록 다음과 같이 지도합니다.

1. 계란 모양을 그린다.(통통한 얼굴은 통통한 계란, 홀쭉한 얼굴은 홀쭉한 계란으로)

2. 계란 모양 안에 가로, 세로 십자 모양을 긋는다.

3. 눈, 코, 입의 위치를 염두에 두고 그리려는 대상의 얼굴을 자세히 관찰한다.

4. '눈'을 자세히 보고 그린다.

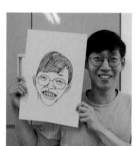

5. '코'를 자세히 보고 그린다.

6. '입'을 자세히 보고 그린다.

7. '머리카락'과 '귀'를 자세히 보고 그린다.

8. 검정색 네임펜으로 연필선 위에 덧그리고 연필선은 지우개로 지운다.

Tip 소소한 팁

얼굴 그리기 방법을 아이들이 쉽게 할 수 있도록 활동지를 만들었습니다.

눈, 코, 입의 위치를 나타내는 보조선 위에 얼굴을 자세히 보고 그리도록 합니다.

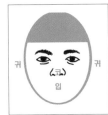
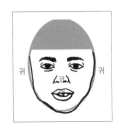

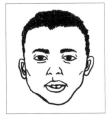

얼굴 형태가 달라도
모두 적용할 수 있어요!

얼굴 그리기 활동 작품

옥이샘 방법과 활동지를 활용해서 얼굴 그리기를 지도하면 아이들마다 개성 있는 결과물이 나온답니다!

Tip 관련 활동
〈캐치캐치, 캐리커처〉(156p)를 참고하세요!

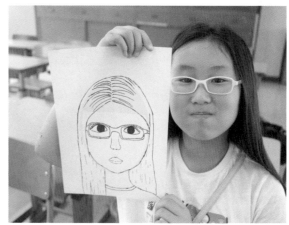

1-03 학교 비전 그림 공모전

1~6학년 ★★★★★　#학교 비전 아이들과 공유하기　#우리가 꿈꾸는 학교　#교내 그림 공모전　# 학생자치회

학교 민주주의의 꽃은 바로 '학생자치'입니다.
학생들이 학교 비전에 공감하고
학교 문화와 시스템에 주체적으로 참여함으로써
민주주의의 가치와 신념을 구현합니다.

우리 학교의 비전은
'더불어 행복한 즐거운 배움터' 랍니다.

대상 1~6학년 전체 학생

참여방법

1   학교 비전을 나타내는 글과 그림을 도화지에 그려서
    학생자치회에 제출한다.
2   학생자치회는 대표작을 선정해서 다양한 방법으로 전
    시한다.

 소소한 팁

도화지 규격 및 채색 도구는 학년 수준에 맞게 자유롭게 정해요!

Tip 관련 활동

〈아이들 그림을 현수막으로 만드는 방법〉(144p)을 참고하세요!

Tip 소소한 팁

우리반 급훈이나 우리가 만든 규칙을 주제로 학급 단위에서 운영해도
좋아요!

뚝딱! 교실 환경 꿀팁

교실 앞판을 10분 만에!

'급훈 + 동물 시간표 + 알림판'을 옥이샘 자료로 10분 만에 뚝딱 만들 수 있습니다.

자료 다운로드

교실 앞판 🔍

www.oktoon.net/227

환경 자료를 깔끔하게 붙이는 방법

부착물에 ① 우드락 조각을 덧대고 ② 압정을 거꾸로 놓은 다음, ③ 투명 테이프를 그 위에 붙여서 고정시킵니다. 그런 뒤 부착물을 교실 앞판에 붙이면 딱 달라붙습니다. 양면 테이프나 접착제를 쓰면 나중에 떼어낸 흔적이 남는데, 이 방법을 쓰면 그럴 염려가 없답니다. 또한 마치 포토샵에서 그림자 효과를 준 것처럼 입체감 있게 붙일 수 있고, 한 번 만든 교실 환경 부착물을 훼손 없이 매년 쓸 수 있다는 장점이 있습니다.

캐릭터 예쁘게 오리는 방법

캐릭터를 오릴 때는 테두리 흰 부분을 조금 남기고 오리면, 오리기도 쉽고 더 예쁩니다.

가위에 붙은 끈끈이 제거하는 방법

양면 테이프나 벨크로(찍찍이)를 오리면 끈적끈적한 찌꺼기가 가위에 남습니다. 휴지나 물티슈로 닦아내기도 어렵죠?
이럴 때는 쓰다 남은 썬크림을 가위 날에 바르고 가위질을 몇 번 해주면 깔끔하게 제거된답니다. 하나 더! 신발장, 사물함, 창문에 붙은 스티커 흔적을 제거할 때도 썬크림을 바르고 몇 분 후에 긁어내면 제거하기 쉽습니다.

교실 천장에 아이들 작품 간단하게 붙이는 방법

장구자석에 낚싯줄을 감아서 아이들 작품에 연결합니다. 그리고 자석을 천장 나사못에 붙이면 깔끔하게 고정됩니다.

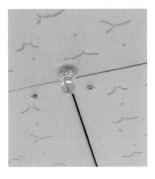

Tip 관련 활동
〈교실 바다에 물고기가 한가득〉(134p)을 참고하세요!

PART 2

종이로 뚝딱!

2-01 뚝딱, 페이퍼 토이

1~2학년 ★★★★   **3~6학년** ★★★★★   #종이 공예 #페이퍼 토이 #페이퍼 크래프트

미디어의 영향을 많이 받는 요즘 학생들이
흥미를 가질 만한 만들기 활동입니다.
종이를 접고 붙이는 과정에서 세심한 집중이 요구됩니다.
옥이샘 도안을 활용한다면
큰 번거로움 없이 간편하게 수업을 준비할 수 있답니다.

준비물 가위, 딱풀, 옥이샘 페이퍼 토이 전개도 도안

자료 다운로드
페이퍼토이
www.oktoon.net/240

 맹구

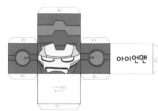 아이언맨

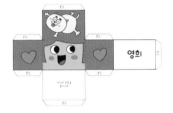 영희

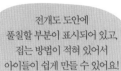

전개도 도안에
풀칠할 부분이 표시되어 있고,
접는 방법이 적혀 있어서
아이들이 쉽게 만들 수 있어요!

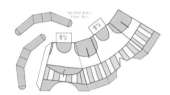

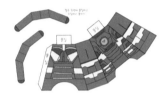

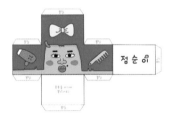 점순이

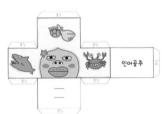 인어공주

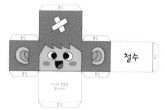 철수

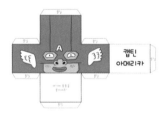 캡틴 아메리카

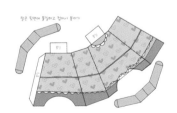

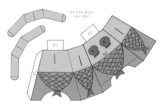

활동방법

1 도안을 A4 용지에 인쇄하여 아이들에게 나눠준다.

2 가위로 모양을 따라 오린다.
(칼보다는 안전한 가위를 사용하세요!)

3 도안에 적힌 방법에 따라 접는다.

4 딱풀을 이용해 접착한다.
(양면 테이프도 좋아요!)

5 완성한 머리와 몸통, 팔을 서로 붙인다.

한 걸음 더 : 나만의 페이퍼 토이

자료 다운로드
나만의 페이퍼토이 🔍
www.oktoon.net/298

옥이샘 도안 대신 아이들이 직접 페이퍼 토이를 디자인할 수도 있습니다.

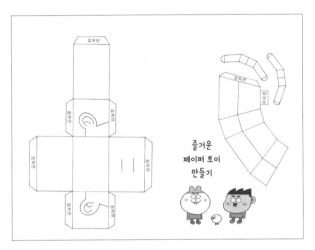

💬 소소한 팁

- 좀 더 내구성 있게 만들고 싶다면 일반적인 A4 용지보다 두꺼운 A4 백상지로 만들면 됩니다.
  백상지의 두께는 단위(m^2)당 무게(g)로 표시하는데, m^2 당 120g~150g 규격이 적합합니다. 종이가 두껍기 때문에 딱풀보다는 양면 테이프를 추천합니다. '풀칠'이라고 적힌 부분에 미리 양면 테이프를 붙이고 가위로 오립니다.
- 백상지는 인쇄할 때 쓰이는 흰색 복사 용지입니다. 인터넷에서 120g 백상지를 쉽게 구입할 수 있으며, 문구점에서는 "120g 규격의 A4 용지(또는 A4 팬시페이퍼나 머메이드지) 주세요!"라고 말하면 됩니다.
- 컬러 인쇄 비용이 부담스럽다면 잉크 가격이 저렴하고 교환 주기가 긴 무한잉크 프린터가 있습니다.
  소모품뿐만 아니라, 기기 가격도 그다지 비싸지 않기 때문에 한 학급 혹은 동학년에서 한 대씩 구비하면 매우 유용합니다.

2-02 봉투는 사랑을 싣고

1~6학년 ★★★★★   #어버이날 #스승의날 #크리스마스 #봉투 만들기 #종이접기

가정의 달 5월에 선생님과 부모님께
감사의 마음을 전하는 활동입니다.
옥이샘 도안과 제작 방법을 담은 영상을 참고하면
손쉽게 활용할 수 있습니다.

준비물 가위, 풀, 색연필, 사인펜, 옥이샘 도안

활동방법

1   컬러 도안은 그대로 활용하고, 흑백 도안은 사인펜과 색연필로 꾸민다.

2 아이들에게 '봉투 접는 방법' 영상을 보여주면서 따라 접도록 한다.

영상 보기

www.oktoon.net/297

Tip 소소한 팁

영상을 각 단계별로 STOP & PLAY 하면서 보여주면
아이들도 잘 따라 접습니다.

영상을 활용하면
실물 화상기가 필요 없고
훨씬 수월하게
지도하실 수 있어요!

3 봉투 안에 들어가는 편지지를 꾸민다. 옥이샘 도안 대신에 자신만의 편지지를 꾸며도 좋다.

🅣ⓘⓟ **관련 활동**
〈크리스마스 봉투 만들기〉(235p)를 참고하세요!

2-03 캐릭터 책갈피로 독서 쑥쑥

1~6학년 ★★★★★ #책갈피 #캐릭터 #종이접기 #독서교육

뇌가 성장하는 시기에 적절한 언어적 자극을 넉넉하게 제공해야 하는데,
이를 위해서 재미있는 책을 많이 읽는 것을 강조합니다.
독서에 재미를 붙이고 이를 생활 습관으로 만들면
아이 스스로 자신이 읽은 것을 바탕으로 생각 주머니를 키우게 됩니다.
재미있는 독서 교육에 캐릭터 책갈피를 활용해 보세요.

준비물 가위, 딱풀, 옥이샘 책갈피 도안

활동방법

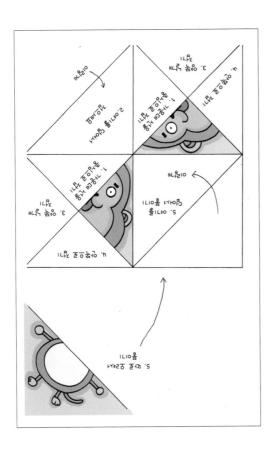

1 도안을 A4 용지에 인쇄하여 아이들에게 나눠준다.

2 도안의 설명을 보며 따라하도록 한다.

3 '캐릭터 책갈피 접는 방법' 영상을 아이들에게 보여주면서 따라 접을 수 있도록 STOP & PLAY 한다.

영상 보기

www.oktoon.net/276

Tip 소소한 팁

저학년인 경우 선생님이 미리 칼로 재단해서 나눠주면 좋아요!

2-04 으스스~ 바람귀신

1~6학년 ★★★★★   #무더운 여름 #여름방학 앞두고 #에어컨 #선풍기

1학기가 마무리되는 7월,
무더운 날씨에 선생님도 아이들도 지칩니다.
이때, 우리 반 분위기를 반전시킬 수 있는
유용한 활동입니다.

준비물 가위, 색연필, 사인펜, 투명 테이프, 옥이샘 바람귀신 도안

활동방법

1 바람귀신 도안을 인쇄한다.
　(컬러 도안 또는 흑백 도안 중 선택)

2 흑백 도안을 선택한 경우 아이들이 직접 색칠하도록 한다.

3 가위로 형태를 오린 후 에어컨이나 선풍기에 투명 테이프를 이용해서 붙인다.

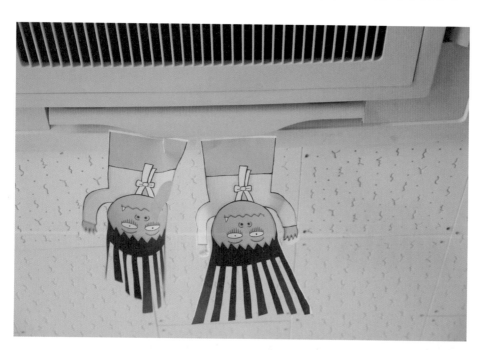

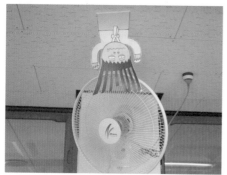

www.oktoon.net/280

한 걸음 더 : 나만의 바람 인형

옥이샘 도안뿐만 아니라,
아이들이 직접 구상하고 그린
나만의 '바람 인형 만들기'도 해보세요!

2-05 내 입술 예쁘니?

1~6학년 ★★★★★ #부채 #여름 #캐릭터

익살맞은 캐릭터에 입술을 실제로 끼우고 놀 수 있는
부채를 만드는 활동입니다.
자신이 꾸민 부채에 입술을 끼우고,
우리 반 단체 사진을 찍어보세요!

준비물 가위, 사인펜, 색연필, 나무젓가락, 두꺼운 도화지, 투명 테이프,
칼(선생님용), 캐릭터 도안

자료 다운로드
입술 🔍
www.oktoon.net/109

활동방법

1 옥이쌤 도안을 A4 용지에 인쇄한다.

2 사인펜, 색연필로 자유롭게 색칠한다.

3 색칠한 도안을 두꺼운 도화지의 뒷면(어두운 부분)에 풀로 붙인다.

4 가위로 테두리를 따라 오린다. (테두리 바깥 부분을 약간 여유 있게 오리면 좋아요!)

5 입술 부분을 칼로 도려낸다. (안전상 이 단계는 선생님이 하는 것이 좋아요!)

6   뒷면에 나무젓가락을 붙인다.

Tip 소소한 팁

나무젓가락 두 개를 떼내지 말고 그대로 활용하세요. 넓은 투명 테이프는 모둠마다 한 개씩 준비해 주면 좋아요!

한 걸음 더 : 나만의 입술 부채

아이들만의 독창적인
입술 부채 만들기도 해보아요!

역할 놀이에 활용해도 좋고
무더운 여름에는
부채로 써도 된답니다!

2-06 뚝딱, 캐릭터 부채

1~6학년 ★★★★★ #부채 #여름 #캐릭터

무더운 여름, 아이들과 함께 재미있는 캐릭터 부채를 만들어보세요.
미디어의 대중적인 이미지를 차용한 옥이샘 부채 도안은
아이들이 흥미를 가지고 손쉽게 만들 수 있답니다.

준비물 가위, 나무젓가락, 두꺼운 도화지, 넓은 투명 테이프, 옥이샘 부채 도안

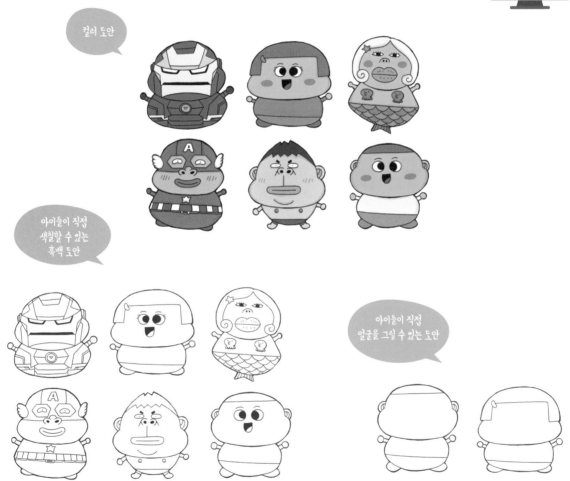

활동방법

1 가위로 도안을 오린 뒤 두꺼운 도화지의 뒷면(어두운 면)에 붙인다. (캐릭터 바깥 테두리 선보다 약간 여유 있게 오려요!)

2 두꺼운 도화지에 붙인 도안을 캐릭터 모양을 따라 오린다. (테두리 바깥 흰 부분이 조금 보이도록 여유 있게 오리면 더욱 예쁘고 오리기도 쉬워요!)

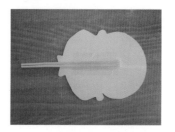

3 나무젓가락을 캐릭터 뒷면에 투명 테이프를 이용해서 붙인다.

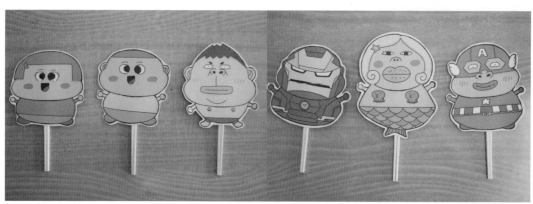

한 걸음 더 : 나만의 캐릭터 부채

아이들이 직접 꾸민
캐릭터 부채 만들기도 해보아요!

2-07 동물농장 카드 봉투

1~6학년 ★★★★★　#카드 #봉투 #어버이날 #스승의날 #크리스마스 #페이퍼토이 #종이접기

친구들끼리 마음을 담은 편지를 주고받을 때
동물농장 카드를 활용해 보세요.
어버이날, 스승의 날 등 특별한 날, 웃어른께 감사의 편지를
쓸 때 활용해도 좋습니다.

오늘의 요리는
삼겹살!

준비물 가위, 풀, 옥이샘 카드 봉투 도안

컬러 도안뿐만 아니라, 아이들이 직접 꾸밀 수 있는 흑백 도안도 있어요!

풀칠

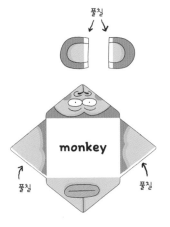

monkey

풀칠   풀칠

풀칠

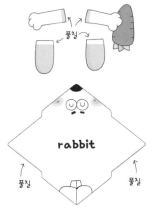

rabbit

풀칠   풀칠

활동방법

1 옥이샘 도안을 A4 용지에 인쇄하여 나눠 준다.

2 가위로 모양을 오린다.

3 옆의 활동 방법 영상을 아이들에게 STOP & PLAY 하면서 보여주며 순서대로 접고 풀칠하도록 한다.

영상보기

www.oktoon.net/289

어버이날은 포토 엽서로!

어버이날에 아이들의 사진을 넣은 포토 엽서로 부모님께 감사의 마음을 전하도록 해요.
가정에서는 아이들의 마음뿐만 아니라 선생님의 정성도 느낄 수 있답니다.

1 어버이날 2~3주 전에 미리 아이들 사진을 촬영한다.

촬영할 때 손으로
하트 모양을 만들면
더욱 좋겠죠?

2 인터넷 사진 인화 사이트의 포토 카드 제작 서비스를 이용해서 주문한다.

엄마 아빠 항상
♥ 사랑합니다 ♥

배송기간을 염두에 두고
미리 촬영해서 주문합니다.

Tip 소소한 팁

포토 엽서 서비스를 제공하는 사진 인화 사이트는 많이 있습니다. 그중에서 가격적인 면을 고려하여 장당 400원 ~1,000원 수준의 포토 엽서를 추천합니다.

3 엽서에 감사의 글을 적는다.

4 카네이션을 붙인 봉투에 엽서를 담아 가정에 전달한다.

Tip 소소한 팁

봉투는 제품을 구매해도 되고, 직접 양면 포장지를 접어서 만들어도 됩니다.

카네이션 접는 법

www.oktoon.net/297

PART 3

드로잉으로 뚝딱!

3-01 탱글탱글 젠탱글

3~4학년 ★★★★ **5~6학년** ★★★★★ #젠탱글 #낙서미술 #조용한 미술시간 #미술치료

종이 한 장과 펜 한 자루만으로
뚝딱 할 수 있는 미술 활동입니다.
집중해서 그리다 보면 마음이 차분해지고,
스트레스가 풀린답니다.

준비물 옥이샘 젠탱글 활동지, 검정색 펜(아래에 소개하는 펜 중에서 선택)

젠탱글 활동지

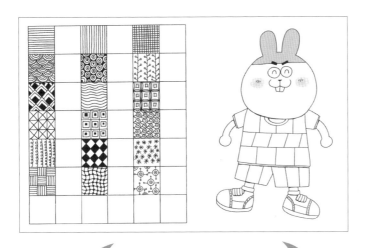

젠탱글, 일러스트, 만화 드로잉 등에
적합한 펜으로 아래 두 가지를 추천합니다.
다양한 굵기를 선택할 수 있는데,
학생용 젠탱글 펜으로는
0.25mm~0.5mm 규격이 적당합니다.
인터넷 판매점에서 쉽게 구매할 수 있습니다.

피그마 마이크론펜

스테들러 피그먼트 라이너

기본 패턴을 먼저 연습하고

이를 응용해 보도록 활동지를
구성했습니다.

플러스펜3000(0.4mm)

가격이 저렴하고 학교 앞
문구점에서도 쉽게
구매할 수 있어요!

젠탱글(Zentangle)

Zen(선)과 Tangle(복잡하게 얽힌 선)의 합성어인 젠탱글(Zentangle)은
간단한 선이나 패턴을 반복해서 만드는 그림으로
2005년 미국에서 릭 로버츠(Rick Roberts)와
마리아 토마스(Maria Thomas)에 의해 시작되었습니다.

활동방법

1 옥이샘 활동지를 인쇄하여 나눠준다.

2 기본 패턴을 먼저 연습해 본다.

3 검정색 펜을 사용해서 도안의 패턴을 완성하도록 한다.

활동 영상

www.oktoon.net/299

한 걸음 더 : 나만의 젠탱글 도안

아이들이 직접 구상한 도안에 젠탱글로 꾸며보아요!

6학년 미술 동아리 학생들 작품

3-02 운동화를 보고 그리자!

3~6학년 ★★★★★ #관찰 #눈으로 보기 #운동화 #연필 드로잉

주변 사물을 관찰하고 이를 자세히 그려보는 활동을 통해
일상을 새로운 시각으로 바라볼 수 있습니다.
또한 관찰을 통한 묘사를 하다 보면
자연스럽게 자신만의 드로잉 표현 방법을 찾게 됩니다.
운동화를 선택한 이유는 다양한 선, 면, 질감을 지니면서도
일상에서 쉽게 구할 수 있는 대상이기 때문입니다.

연필로 연하게 대략적인 형태를 보조선으로 그리고, 이를 바탕으로 진하고 자세하게 덧그리도록 합니다. 보조선을 그리지 않고 시작하면 비율이 어색해집니다. 그리는 내내 눈으로 '보고 그리기'를 강조합니다.

준비물 연필(2B~4B), 지우개, 8절 도화지, 운동화

수업 지도 PPT 다운로드
운동화 🔍
www.oktoon.net/300

활동방법

1 책상 위에 운동화를 올려놓고 자세히 관찰한다.

아이들이
흔히 사용하는
2B 연필도 괜찮아요!

Tip 소소한 팁

이면지를 깐 뒤에 운동화를 올려놓으면 좋
아요!

2 전체 형태를 대략적인 선으로 연하게 그린다.

 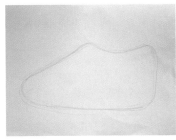 

3 세부적인 모습을 점점 그려나간다. 형태가 잡히면 진하게 그리고, 지우개로 다듬는다. 그리는 과정에서 항상 '보고' 그리기를 강조한다.

한 걸음 더 : 주변 사물 보고 그리기

연필 드로잉에 익숙해지면 펜을 이용한 드로잉에 도전해 봅니다.

준비물 검정색 펜(플러스펜3000, 피그마 마이크론펜, 스테들러 피그먼트 라이너 중 선택 – 65p 참고)

1 연필로 대략적인 스케치를 한다.

2 연필선을 바탕으로 검정색 펜을 사용해 자세히 덧그린다.

3 연필선은 지우개로 지운다.

  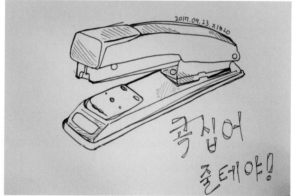

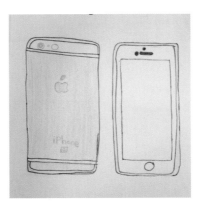

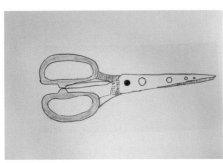

Tip 소소한 팁
색연필, 사인펜, 마카 등으로 색칠해도 좋아요!

3-03 자전거를 보고 그리자!

3~6학년 ★★★★★　#관찰 #눈으로 보기 #자전거 #드로잉

이번 활동에서 중요한 것은 드로잉 테크닉이 아니라,
'눈으로 보고' 그리기입니다.
관념 상의 도식적인 그림이 아니라,
실제의 모습을 관찰하고 그리는 경험은
창의적인 표현의 바탕이 됩니다.

'운동화를 보고 그리자!'
활동에 이어서 하면 좋아요!

자전거는 일상적인 소재이지만 수업 시간 그리기 대상으로는 아이들에게 새롭고 참신하게 다가갑니다. 페달, 브레이크, 구동 체인 등 정밀한 기계 부품을 자세히 관찰하면서 보고 그리다 보면 미처 알지 못했던 '그리는 재미'를 느끼게 된답니다. 또한 미술 활동에 상대적으로 소극적인 남자 아이들의 관심과 흥미를 불러일으키는 데도 효과적입니다.

준비물 연필, 지우개, 8절 도화지, 자전거

활동방법

1 아이들의 지원을 통해 2~4대의 자전거를 미리 준비한다.

2 자전거를 교실 가운데 놓고 사방에 책상을 둘러서 배치한다.

3 〈운동화를 보고 그리자!〉(68p) 활동과 마찬가지로 연필을 이용해 보고 그린다.

학급운영 꿀팁  Tip
미세먼지 알림판

자료 다운로드
미세먼지 🔍
www.oktoon.net/296

선생님, 오늘 미세먼지 어때요? 나가 놀아도 돼요?

오늘 미세먼지 매우나쁨이라...

밖에서 놀고 싶은데 공기가 어때요? 선생님!

오늘 미세먼지 매우나쁨이야~

선생님, 선생님! 오늘 공기 어때요?

미세먼지 매우 나쁨이라 실내에서 놀자~

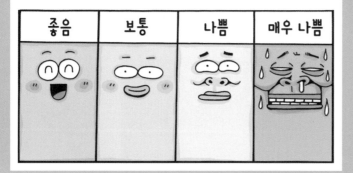

"나가서 놀아도 돼요?"

좋음	보통	나쁨	매우 나쁨

그래서 준비했습니다!

1 옥이샘 도안을 A4 또는 A3 용지에 꽉 차게 인쇄한다.

2 코팅을 한 뒤 뒷면에 종이 자석을 붙인다.

3 칠판에 미세먼지 알림판을 부착한다.

4 원형 자석을 그날 공기 상태에 맞는 칸에 붙인다.

PART 4

현대 미술로 뚝딱!

4-01 꼬마 영수야, 놀자!

이영수 따라잡기

3~4학년 ★★★★ **5~6학년** ★★★★ #이영수 #팝아트 #한지 모자이크

이영수 화백은 우리나라의 정서를 현대적인 팝아트로 재구성하여
'팝 한국화'의 장르를 개척하고 있답니다.
알록달록 점으로 찍는 이영수 화백의 원래 표현 방식을
한지 모자이크로 바꾸어보았습니다.

작가소개 _ 이영수(1974~)

한국적 팝아트 작가.
꼬마 영수를 주인공으로 친근한 정서를 표현한 작품은
보기만 해도 미소가 절로 나옵니다.

이영수 화백 블로그 바로 가기 : blog.naver.com/han20s

꽃바람

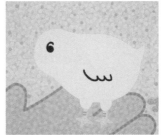

내 마음 깊은 곳의 너

돌아눕지 못하는 이유

잠자리에게 코를 빌려줘요

마주보기

준비물 가위, 풀, 종이컵, 한지 색종이(또는 A4 색한지), 도화지,
이영수 화백 작품 도안 자료, 색골판지(선택)

활동방법

1 A4 크기로 인쇄한 도안 자료를 도화지에 풀로 꼼꼼히 붙인다.

활동하는 동안 원작물을
TV 화면으로 보여주면
컬러 인쇄를 해서 나눠줄 필요도 없고
아이들이 색깔을 참고하기 쉬워요!

Tip 소소한 팁
도화지를 덧대지 않고 그냥 A4 용지에 바로 풀칠을 하면 오그라듭니다.

2 한지를 길이 1cm 정도의 정사각형 형태로 오린다.
　　(오린 한지는 종이컵에 담으면 편해요!)

3 도안에 한지 조각을 붙인다.

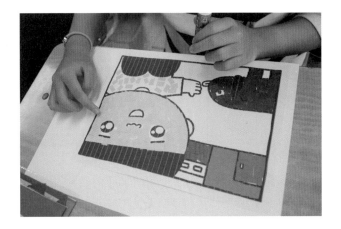

Tip 소소한 팁

• 배경은 두 가지 색을 섞어서 사용하면 좋
　아요! (예 : 연두색+녹색, 하늘색+파란색)

• 한지뿐만 아니라, 색골판지로 질감을 독특
　하게 표현할 수도 있어요.

4-02 풍경으로 채우자!

샤메크 블루위 따라잡기

5~6학년 ★★★★★   #꽃 피는 봄 #알록달록 가을 #야외 미술 수업 #샤메크 블루위

봄이나 가을, 예쁜 야외 풍경을 활용해서 재미있게 즐길 수 있는 미술 활동입니다.
물감이나 색연필이 아니라, 주변의 풍경으로 작품을 꾸미는
샤메크 블루위의 미술가적 관점을 아이들이 직접 경험해 보도록 합니다.

작가소개 _ 샤메크 블루위(Shamekh Bluwi)
요르단에서 활동하는 건축가이자 패션 일러스트레이터.
패션 일러스트의 색감을 물감이나 펜이 아닌 도시나 자연의 풍경에서 찾습니다.
드레스의 형태만 종이에 그린 후, 옷감 부분을 잘라내 풍경에 비춰보는 작업 방식으로 유명합니다.

준비물 A4 용지, 커터칼, 가위, 검정색 유성매직(또는 네임펜),
두꺼운 종이(칼질 받침용), 목장갑 한쪽(손 보호용)

자료 다운로드
샤메크 블루위 🔍
www.oktoon.net/249

활동방법

1 샤메크 블루위의 작품을 먼저 보여준다.
(검색창에서 샤메크 블루위 🔍 를 검색하세요!)

2 A4 용지에 유성매직 또는 네임펜으로 밑그림을 그린다.

3 칼이나 가위로 특정 부분을 오린다.

4 야외로 나가서 오려낸 부분을 풍경에 비춰본다.

5 휴대폰 카메라를 이용해 촬영한다.

문구용 칼과 휴대폰을
사용하는 활동이라서
고학년에 적합해요!

사랑해요

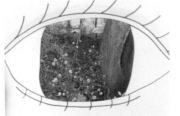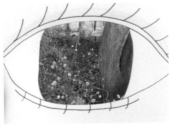

내 눈은 숲

사랑의 미소

한복에 꿈을 담아

가을 향기

부잣집 아들

아이 러브 스쿨

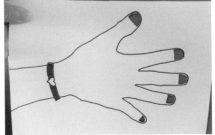

네일 아트

창의적인 발상을 엿볼 수 있는 아이들의 작품

087

Q 도화지가 아닌 A4 용지를 쓰는 이유는?
칼질이 쉽기 때문에 더 안전해요!

Q 네임펜이나 유성매직을 사용하는 이유는?
색칠을 하지 않아도 윤곽이 잘 드러나고
특히 역광을 촬영해도 눈에 잘 보여요!

Q 두꺼운 종이의 용도는?
커터 매트나 유리가 없는 경우 칼질 받침대로 쓰기 위해
8절지 두꺼운 도화지를 반으로 접어서 이용해요!

Q 촬영은 휴대폰으로?
휴대폰 카메라는 이미지 센서가 작고 광각 렌즈라서 팬 포커스(화면의 모든 부분이 초점이 맞는
상태)에 유리해요!

Q 이 활동의 장점은?
시각문화 및 미술 활동에 대한 이해의 폭을 넓힐 수 있어요.
또한 그림에 자신이 없는 학생도 즐겁게 참여할 수 있지요.
도식적인 그림보다는 창의적인 발상을 키워주는 활동이에요!

이런 활동도 있어요! : 원근 설정 사진 놀이

휴대폰으로 사진을 촬영하면 화면의 모든 부분이 초점이 맞는 팬 포커스 사진이 됩니다.
이를 이용해서 재미있는 설정 사진을 찍을 수 있답니다.

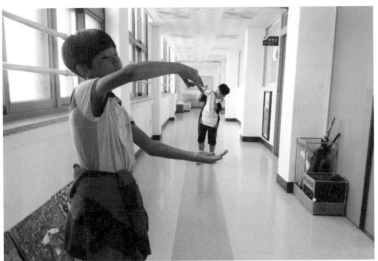

4-03 처음 만나는 서양화

정일 따라잡기

5~6학년 ★★★★★ #서양화 #아크릴 물감 #정일 따라잡기

서양화, 어렵지 않아요!
수채화나 포스터 물감 위주의
채색 수업에서 벗어나
아크릴 물감을 활용한 서양화 활동에 도전하기!

준비물 아크릴 물감, 젤스톤, 종이 팔레트(또는 종이접시나 종이컵), 캔버스, 크레파스, 붓

아크릴 물감

학기 초, 학급운영비로 200ml 큰 통을 구비해 놓으면 좋아요!

유화 물감에 비해 사용이 간편하고 빨리 마르기 때문에 아이들과 미술 활동을 할 때 유용하게 사용합니다.

젤스톤이나 모래 같은 부재료를 섞어 쓰기 좋고, 접착력이 강해서 벽, 나무, 가죽, 플라스틱 등 어느 면이나 채색을 할 수 있습니다.

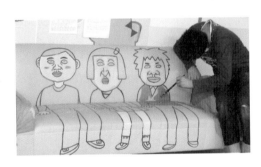

작가소개 _ 정일(1958~)

서양화가 정일 화백의 그림은 동화를 떠올리게 하는 아름다움이 있습니다. 풍부한 색감과 두터운 마티에르(질감)를 아이들이 경험해 보기에 좋습니다.

젤스톤

모래 같은 질감을 나타내기 위한 재료입니다.
아크릴 물감에 섞어서 사용하면
독특한 효과를 낼 수 있습니다.

캔버스

크기를 호수로 구분하여 표시하는데,
저는 보통 10호(53×45.5cm) 크기로 아이
들과 함께합니다. 인터넷에서 비교적 저렴
하게 구매할 수 있습니다.
캔버스 대신 두꺼운 하드보드 종이, 목판,
우드락 등으로 대체해도 괜찮습니다.

종이 팔레트

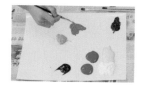

한 장씩 뜯어 쓸 수 있는 종이 재
질의 팔레트. 채색할 때 모둠당
한 장씩 나누어줍니다. 종이 접시
나 종이컵으로 대체 가능합니다.

붓

시중에서 파는 아크릴 붓을
다양한 크기로 구비하면 좋습니다.

크레파스

밑그림을 그릴 때 사용하며,
마무리 작업을 할 때도 유용합니다.
서양화가들도 때로는 유화 전용 크레파스를
사용합니다.

활동방법

1 바탕칠 하기

서양화는 '어두운 색 → 밝은 색' 순서로 칠한다.
그래서 제일 어두운 검은색을 먼저
캔버스에 칠한다.
이때, 부재료인 젤스톤을
검은색 아크릴 물감에 섞어 칠한다.

Tip 소소한 팁
먹물을 섞으면 검은색 아크릴 물감을 절약할 수 있어요!

2 밑그림 그리기

크레파스로 밑그림을 그린다.
어차피 물감으로 덧입히기 때문에
망쳐도 지울 필요 없이 그 위에
덧그리면 된다.

Tip 소소한 팁
원작 그림을 인쇄한 뒤 코팅하여
아이들에게 참고용으로 나눠주면 좋습니다.
코팅을 하면 매년 활용할 수 있답니다.

3 채색하기

'어두운 색 → 밝은 색'으로, 밑색의 표면에 물감을 덧입힌다는 느낌으로 점점 중첩해서 칠한다. 밑색이 군데군데 살짝 드러나면 더욱 좋다.

4 정리 및 감상

Tip 소소한 팁

바닥에 묻은 아크릴 물감은 물걸레로 쉽게 지워집니다.

다시 보는 서양화 그리기 순서

1 그릴 대상을 구상한다.

2 캔버스에 바탕칠을 하고 밑그림을 그린다.

미리 그려본
초벌 그림
(에스키스 esquisse)

3 '어두운 색'에서 '밝은 색'으로 채색한다.

4 완성작

4-04 알록달록, 오방색 접시

전혁림 따라잡기

3~6학년 ★★★★★　#전혁림 #오방색 #추상 표현 #교실 뒷판 환경 꾸미기

우리 반 아이들 모두가 참여하는 공동체 미술 작품으로
교실 뒷판을 꾸며보세요.
전혁림 화백의 작품 감상 활동과 추상 표현,
전통적인 오방색의 개념 익히기 등 일석삼조 미술 수업이랍니다.
자유롭게 추상적인 무늬를 표현하는 활동이기 때문에
그림에 자신이 없는 아이들도 재미있게 참여할 수 있습니다.

작가소개 _ **전혁림**(1916~2010)
전형적인 오방색을 사용해
나무 접시에 추상적인 무늬를 그렸습니다.

만다라
(나무 접시 위에 유채, 각 20×20cm, 2007년, 이영미술관 소장)

목기그림접시(나무 접시 위에 유채, 2005년, 이영미술관 소장)

Tip 오방색이란?

단청, 민화에 쓰였던 전통색으로
빨강, 파랑, 검정, 노랑, 흰색을 의미해요.
서양의 12색상환과 달리 검정과 흰색이
포함되어 있답니다.

준비물 아크릴 물감 또는 포스터 물감(적, 황, 청, 흑, 백), 채색 용구(붓, 팔레트, 물통 등), 공예용 종이 접시(적, 황, 청)

활동방법

1 오방색에 해당하는 다섯 가지 물감을 종이 팔레트(또는 두꺼운 종이)에 짠다.

Tip 소소한 팁

오방색을 사용하는 것이 원칙이지만, 간혹 다른 색을 원하는 아이들도 있습니다. 예를 들어 연두색, 녹색 계열의 물감을 원하는 경우 옥이샘은 특별히 제한하지 않고 원하는 색을 짜주었습니다.

2 종이 접시에 자신이 원하는 무늬를 자유롭게 꾸민다. (한 명당 세 개 정도의 작품을 완성해요!)

3 완성된 작품을 교실 뒷판에 붙인다.

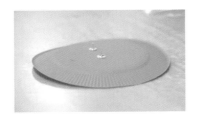

 소소한 팁

압정 2개를 접시에 거꾸로 올려놓고
투명 테이프를 붙인 후 뒷판에 붙이면 쉽게 고정됩니다.

4-05 모여서 하나로

키스 해링 따라잡기

3~4학년 ★★★★ **5~6학년** ★★★★★ #키스 해링 #팝아트 #모둠협동작품

팝아트 작가 키스 해링의 작품은
초등미술 수업에서 많이 활용되고 있습니다.
원색의 단순한 형태에 착안하여,
이번 활동은 모둠 협동 미술로 구성해 보았습니다.

준비물 가위, 검정색 유성매직, 딱풀, 8절 색상지

활동방법

1 모둠 협의를 통해 키스 해링의 어떤 작품을 표현할지 선택한다.

2 필요한 색상을 모둠원끼리 분담한다. (빨강, 파랑, 초록, 노랑 등 원작을 참고해서 결정해요!)

3 자신이 맡은 색상의 8절 색상지를 준비한다.

작가소개 _ 키스 해링(Keith Haring, 1958~1990)

미국의 팝아트 작가.
선명한 색과 간결한 선으로 만화 같은 형상을 표현하였습니다.
핸드폰 케이스나 다양한 팬시 제품 이미지로 많이 쓰이기 때문에
아이들에게도 친숙합니다.

4 각자 자신이 맡은 색상의 그림을 굵은 유성매직으로 그린다.

5 가위로 모양을 따라 오린다.

6 바탕 색지 위에 모둠원들의 그림을 붙인다.

7 원작에 점이나 선이 있는 경우 검정색 유성매직으로 마무리한다.

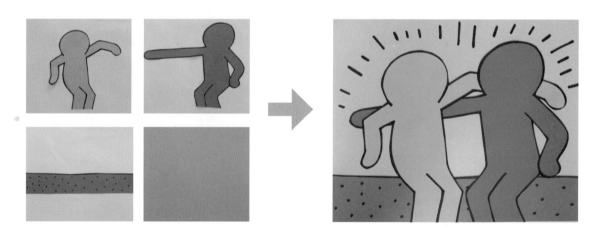

Tip 소소한 팁

남은 색지는 버리지 마세요.
작은 사각형 모양으로 잘라서 색깔별로
투명한 식료품 비닐에 담아두면 나중에
모자이크 활동에 활용할 수 있습니다.

이만익 〈소나기〉 모자이크 활동

옥이샘 〈인어공주〉 모자이크 활동

수업 자료 다운로드
모자이크 협동화 🔍
www.oktoon.net/21

4-06 도전! 팝아트 자화상
리히텐슈타인 따라잡기

5~6학년 ★★★★★   #팝아트 #리히텐슈타인 #자화상 #교실 뒷판 환경 #아크릴 물감

팝아트 자화상은 널리 알려진
초등 미술 활동입니다.
이번 활동에서는 아크릴 물감과 캔버스를 활용해서
좀 더 심화된 과정을 다룹니다.

준비물 캔버스 1호 F형(22.7×15.8cm), 아크릴 물감, 먹지, 검정색 유성매직(또는 네임펜),

종이 팔레트(또는 종이컵), 아크릴 붓(크기별 3~5개)

Tip 소소한 팁

캔버스와 아크릴 물감, 종이 팔레트 등은 인터넷 구매가 저렴합니다.

아크릴 물감은 200ml 큰 용량으로 색깔별로 구매해서 나누어 쓰도록 해요.

작가소개 _ 리히텐슈타인(Roy Lichtenstein, 1923~1997)

만화의 등장 인물을 차용하여

단순하지만 강렬한 선과 색채로 독특한 스타일의 회화 작품을 만들었습니다.

활동방법

1 아이들 얼굴 사진을 찍는다.

2 얼굴 사진을 캔버스 크기에 맞게 흑백 인쇄하여 나눠준다.

3 먹지를 대고 캔버스에 연필로 얼굴 외곽선을 그린다.

4 먹지로 그린 1차 외곽선을 따라 다시 검정색 유성매직 또는 네임펜으로 2차 외곽선을 그린다.

Tip 소소한 팁

• 먹지를 대고 외곽선을 따는 과정은 캔버스에 직접 하기 전에 미리 종이에 연습하면 좋아요.
  한 번 사용한 먹지를 여러 번 다시 사용해도 상관없습니다.
• A4 용지 한 장에 2명의 얼굴을 인쇄하면 1호 캔버스 크기와 잘 맞습니다.

5 아크릴 물감으로 색칠한다.

Tip 소소한 팁

- 학생 2인당 혹은 모둠별로 종이 팔레트를 한 장씩 나누어주고,
  여기에 원하는 색깔의 아크릴 물감을 짜줍니다.
  종이 팔레트가 없다면 종이컵으로 대체 가능합니다.
- 물을 섞지 않고, 진하게 칠합니다. (붓을 씻을 때만 물을 사용해요!)
- 리히텐슈타인의 팝아트 느낌이 나도록 원색을 사용해서 칠합니다.
  (검정색은 사용하지 않아요!) 본격적으로 채색하기 전에 색연필로
  색칠하면서 색을 미리 구상하면 좋습니다.

채색 과정에서
검정색 외곽선이
약간 지워져도
상관없어요!

6 검정색 유성매직 또는 네임펜으로 지워진 외곽선을 다시 복구한다.

뒷판에 붙일 때는
장구핀을 활용합니다.
장구핀 2개를 나란히 박은 다음,
캔버스 뒷면을 장구핀에 걸면
딱 고정됩니다!

4-07 마티스가 픽토그램을

마티스 따라잡기

3~4학년 ★★★★　**5~6학년** ★★★★★　#픽토그램 #마티스 #색종이 #색상지 #오려 붙이기

20세기 최고의 화가로 불리는 마티스의 표현 방법을
현대의 픽토그램 만들기 미술 수업에 활용해 보았습니다.
학교 시설이나 학급 규칙을 픽토그램으로 나타내보아요.

픽토그램(pictogram)

그림을 뜻하는 'picto'와 전보를 뜻하는 'telegram'
의 합성어로 단순하고 상징적인 그림으로 그 의미를
쉽게 전달하기 위한 시각 디자인.

색종이를 오리고 붙인 마티스의 작품들.
왼쪽 위부터 〈왕의 슬픔〉〈폴리네시아 하늘〉〈석호〉, 오른쪽은 〈이카루스〉.

작가소개 _ 앙리 마티스(Henri Matisse, 1869~1954)

프랑스의 화가.
대담한 색채를 즐겨 사용했으며, 말년에는 가위로 색종이를 오려 붙이는 작품 활동을 했습니다.

준비물 색종이(또는 색상지), 가위, 풀

활동방법

1 무엇을 상징적으로 나타낼지 생각하고 구상도를 미리 그린다.

2 색종이 또는 색상지를 오려서 구상한 모양을 꾸민다.

운동장

음악실

Tip 직접 그리지 않고 종이를 활용하는 이유

아이들이 픽토그램을 직접 그리다 보면 단순하고 상징적인 형태보다
는 구체적인 묘사를 하는 경우가 종종 있습니다. 하지만 가위로 종이
를 오려서 만들면 세밀한 형태를 표현하는 것이 어렵기 때문에 픽토그
램 본연의 단순한 상징성에 부합하는 작품을 완성할 수 있습니다.

텃밭

미술실

급식실

이런 활동도 있어요! : 마티스처럼 종이로 꾸미기

픽토그램이 아니라도 괜찮아요!
마티스의 방법대로
자유롭게 대상을 표현할 수도 있어요!

마티스 따라잡기는
모둠 활동으로 하면
좋아요!

〈동물원〉(우드락 크기, 학생 모둠활동 작품, 준비물 : 우드락, 색상지,
가위, 풀 등)

4-08 내 얼굴, 우리 얼굴
앤디 워홀 따라잡기

3~4학년 ★★★★ **5~6학년** ★★★★★ #자화상 #점묘 #앤디워홀 #학기초 #교실 뒷판 꾸미기

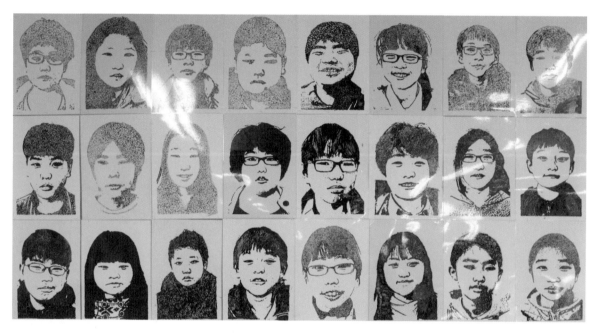

자신의 얼굴을 점묘로 표현하는 활동입니다.
점을 찍는 과정에서 상당한 인내심이 요구되지만
결과물의 완성도가 높기 때문에 아이들이 매우 뿌듯해 합니다.
유명인의 얼굴을 실크스크린 기법으로 표현했던 앤디 워홀과 관련지어
이 활동을 '앤디 워홀 따라잡기'라고 이름 붙였습니다.

준비물 A4 코팅 용지, 검정색 유성매직, 검정색 네임펜, 유색 A4 용지

활동방법

1   빈 벽을 배경으로 얼굴이 꽉 차게 아이들 얼굴을 사진 촬영한다.

2   포토샵을 이용해 얼굴 사진에 도장(stamp) 효과를 준다.

Tip 포토샵 도장 효과 주기

1. 사진 이미지 크기를 가로 1000픽셀 정도로 바꿔줍니다.
2. 필터(Filter) → 스케치(Sketch) → 도장(Stamp)
3. 명암(Light/Dark Balance)과 매끄러움(Smoothness) 수치 를 조정하여 원하는 형태로 만듭니다.

작가소개 _ 앤디 워홀(Andy Warhol, 1928~1987)
미국 팝아트의 선구자.
순수미술뿐만 아니라 광고, 영화, 디자인 등
시각예술 전반에 큰 변화를 불러일으킨 현대 미술의 대표 화가입니다.

3 흰색 A4 용지에 꽉 차게 인쇄한다.

4 코팅 용지에 인쇄한 종이를 끼운다.

5 검정색 유성매직 또는 네임펜으로 검은 부분에 점을 찍는다.

6 점을 다 찍은 아이들은 종이를 뺀 코팅 용지를 선생님께 제출한다.

7 선생님은 코팅 용지 사이에 색깔이 있는 A4 용지를 끼우고 코팅한다.

Tip 소소한 팁

• 세밀한 부분은 네임펜으로 찍습니다. 머리카락처럼 검은색이 많은 부분은 점으로 찍지 않고 유성매직으로 색칠해도 됩니다.

• 마지막 단계에서 끼우는 A4 용지의 색깔은 검은색과의 조화를 고려해서 선택하도록 합니다.

6학년 아이들은
자신이 좋아하는 연예인이나
스포츠 선수, 정치인 등의 얼굴로
표현하도록 하면 매우
흥미 있어 합니다.

Tip 소소한 팁

자신이 표현할 인물의 얼굴 사진을 인터넷에서 검색
해서 학급 SNS(클래스팅, 학급밴드 등)에 미리 올리도록
과제를 내주면 좋아요!

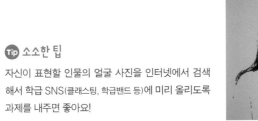

4-09 구부렁 구부렁 철사 동물

칼더 따라잡기

3~6학년 ★★★★★ #칼더 #철사 공예

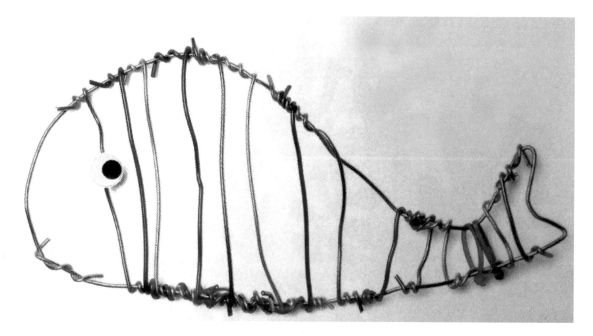

컬러 공예 철사를 구부려서
재미있는 동물을 만드는 활동입니다.
아이들이 만든 동물을 모아
우리 반 동물원을 꾸며보아요.

준비물 컬러 공예 철사, 가위, 공예용 눈알(선택)

컬러 공예 철사

쉽게 구부릴 수 있고,
색상도 다양하며
가위로도 쉽게 절단됩니다.

활동방법

색의 조화를 생각하며, 철사를 구부려 입체 동물을 만든다.

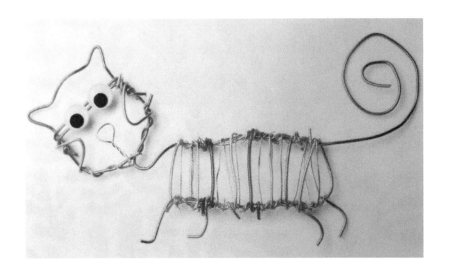

작가소개 _ 알렉산더 칼더
(Alexander Calder, 1898~1976)

움직이는 조각, 모빌(mobile)의 창시자.
철사를 구부려 재미있는 입체 작품을 많이 만들었습니다.

분신술 복제 사진 만들기

똑같은 인물이 여러 명으로 보이는 분신술 복제 사진입니다. 클래스팅이나 학급밴드에 올리면 아이들이 무척 좋아합니다. 인화해서 선물로 주거나 학급 앨범에 실어도 좋습니다.

방법1 스마트폰 어플로 분신술 복제 사진 만들기

('클론 카메라' 또는 '복제 카메라'로 검색)

방법2 포토샵을 사용하여 분신술 복제 사진 만들기

Tip 소소한 팁

사진 인화를 염두에 둔다면 화질 손상이 없는 **방법2**를 추천해요!

PART 5

다양한 재료로 뚝딱!

5-01 회전 바람 인형

1~6학년 ★★★★★　　#움직이는 미술 장난감　#키네틱 아트(Kinetic Art)

바람, 전기 모터, 자력 등으로 움직이는
키네틱 아트(Kinetic Art)를 적용한 것으로,
입으로 바람을 불면 고양이 캐릭터가 회전하면서 표정이 바뀌는
재미있는 장난감 만들기 활동입니다.

준비물 옥이샘 회전 바람 인형 도안, 가위, 풀, 빨대, 철사, 투명 테이프

활동방법

1   옥이샘 회전 바람 인형 도안을 인쇄해서 나눠준다.
    흑백 도안의 경우 색연필, 사인펜 등을 활용해서 자유롭게 색칠하여 꾸민다.

2   도안을 가위로 오린다. (반으로 접어서 오리면 칼을 사용하지 않아도 됩니다!)

3 빨대와 철사를 알맞은 길이로 자른 뒤 빨대 구멍에 철사를 끼운다. (빨대 : 9cm, 철사 : 15cm)

4 고양이 얼굴의 한쪽 뒷면에 빨대를 투명 테이프로 붙이고, 얼굴 도안의 양면에 풀칠하여 서로 붙인다.

5 철사의 양 끝(●)을 투명 테이프로 붙인다.

6 풀칠하여 두 장의 도안을 서로 붙인다.

7 입으로 바람을 불며 재미있게 논다.

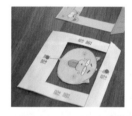 

한 걸음 더 : 나만의 바람 인형

색상지를 활용해서 더욱 크고 다양하게 만들 수도 있습니다.

목에 방울을 달면
회전할 때마다
소리가 나요!

5-02 종이컵 동물 꼭두

1~6학년 ★★★★★ #종이컵 공예 #페이퍼 토이 #꼭두

꼭두는 우리 전통 문화 속에 전해진 나무 조각 인형으로 소망과 위로의 의미를 담고 있습니다.
종이컵을 활용하여 간단한 동물 꼭두를 만들어봅시다.
종이에 그렸던 평면적인 동물 캐릭터가 종이컵을 만나서 입체적인 형태로 바뀌게 된답니다.
저학년의 경우 옥이샘 활동지를 활용해서 꾸미고,
고학년의 경우 자기만의 동물 캐릭터를 직접 그려서 꾸미도록 합니다.

준비물 옥이샘 활동지, 종이컵, 색연필, 사인펜, 풀, 종이컵, 가위

자료 다운로드
꼭두
www.oktoon.net/302

활동방법

1　사인펜, 색연필 등으로 활동지의 꼭두 모양을 꾸민다.

2　가위로 오리고 반으로 접는다.

3　풀을 이용해서 종이컵에 붙인다.

Tip 소소한 팁

테두리를 살짝 남기고 오리면 예뻐요!

호랑이 꼭두 활동지

돼지 꼭두 활동지

강아지 꼭두 활동지

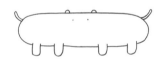
나만의 꼭두 활동지(고학년용)

5-03 교실 바다에 물고기가 한가득

1~6학년 ★★★★★　#입체 물고기 모빌 #재활용 미술 #교실 환경

문서 파쇄기에서 나온 폐지로
교실 바다를 자유롭게 헤엄치는
물고기를 만들어보아요!

준비물 옥이샘 물고기 도안, 문서 파쇄기 폐지, A4 코팅 용지,

유성매직(모둠당 12색 한 세트), 스테이플러, 클립, 낚싯줄

활동방법

1 A4 코팅 용지 사이에 옥이샘 물고기 도안을 끼운다.

2 물고기 도안을 따라 유성매직으로 A4 코팅 용지 위에 덧그린다.

3 A4 코팅 용지 사이에 있는 옥이샘 도안을 뺀다.

4 앞면에 그려진 모양을 뒷면에 똑같이 따라 그린다.

5 다양한 색의 유성매직으로 앞뒷면을 모두 색칠한다.

6 가위로 물고기 모양을 오린다.

Tip 소소한 팁

선 바깥의 테두리를 1cm 정도 여유 있게 남기고 오려요!

7 스테이플러로 물고기의 테두리를 박음질한다.

Tip 주의!

물고기의 등 부분은 박음질하지 않아요!

8 폐지를 물고기 등의 열린 부분(박음질하지 않은 부분)에 집어 넣는다.

9 물고기 등의 열린 부분을 스테이플러로 박음질해서 봉합한다.

10 클립을 물고기 등에 끼우고 낚싯줄로 묶는다.

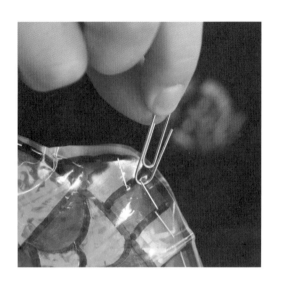

11 낚싯줄의 반대쪽은 장구자석에 묶는다.

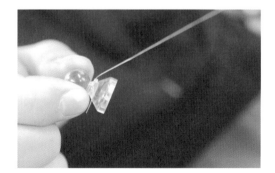

12 천장에 물고기를 매단다.

장구자석을 교실 천장의
나사못에 붙이면 됩니다!
(교실 천장에 아이들 작품
붙이는 방법은 33p 참고)

이런 활동도 있어요! : 육룡이 나르샤

만드는 방법은 〈교실 바다에 물고기가 한가득〉 활동과 동일합니다. 다만 A4보다 큰 B4 용지에 인쇄하고, 코팅 용지도 B4 규격을 쓰면 더욱 크게 만들 수 있습니다. 몸통 간의 접합부분은 넓은 투명 테이프로 붙입니다. 모둠당 한 마리씩 만들면 '육룡이 나르샤' 완성!

자료 다운로드

용

www.oktoon.ne/115

옥이샘 자료를 활용한 임효준 선생님(부산 서감초) 학급 작품

Tip 소소한 팁

용은 물고기와 달리 무겁기 때문에 장구자석으로 천장에 고정되지 않아요.
따라서 천장에 박혀 있는 나사못을 살짝 풀고, 그 나사에 낚싯줄을 매면 안정적으로 고정됩니다.

5-04 빨대 젖소로 우유 마시기

1~6학년 ★★★★★ #빨대 공예 #우유 지도

전국의 초등학교 선생님들이
공통적으로 겪는 어려움 중 하나가
바로 우유 지도겠죠?
아이들이 재미있게 우유를 마실 수 있도록 구상한
미술 활동입니다.

준비물 옥이샘 빨대 인형 활동지, 가위, 색연필, 사인펜, 빨대, 펀치(선생님용)

자료 다운로드
빨대 젖소 🔍
www.oktoon.net/303

활동방법

1   옥이샘 빨대 인형 활동지를 인쇄하여 나눠준다.

2   색연필, 사인펜 등으로 빨대 인형 도안을 꾸민다.

3   펀치로 위, 아래 부분에 구멍을 뚫는다.

4   빨대를 두 개의 구멍에 끼운다.

5   빨대 인형으로 즐겁게 우유를 마신다.

Tip 관련 활동
〈빨대 허수아비 만들기〉(233p)를 참고하세요!

5-05 내 그림으로 현수막을!

1~6학년 ★★★★★　　#학생자치회 #아이들이 직접 만드는 현수막 #학교 정문

학생자치회에서 운영하면 좋은 활동으로
학부모, 학생, 교사가 모두 참여하는
공동체 문화예술 프로젝트!
학급 단위로 활동해도 좋아요.

준비물 8절 도화지(또는 A4 용지), 채색 도구(물감, 사인펜, 색연필 등), 검정색 네임펜

활동방법

1 종이를 가로로 길게 반으로 접는다.

2 반으로 접은 종이에 연필로 문구와 그림을 그린다.

3 물감, 사인펜, 색연필 등으로 색칠한다.

4 검정색 네임펜으로 테두리를 덧그려서 마무리한다.

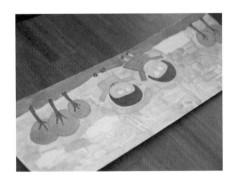

아이들 그림을 현수막으로 만드는 방법

1 아이들이 그린 그림을 디지털 카메라로 촬영한다. A4 크기에 그린 경우 스캐너를 활용해도 좋다.

2 〈그림판〉 프로그램으로 그림 부분만 잘라서 저장한다.

3 현수막 업체에 위의 그림 이미지를 맡긴다. 부착할 곳의 너비에 맞춰 현수막을 인쇄해 달라고 요청
한다.

Tip 소소한 팁

- 휴대폰으로 촬영하면 해상도가 떨어져 대형 인화를 하기에 적합하지 않아요! 따라서 디지털카메라나 스캐너 사용을 권장합니다.
- 학교 교문의 너비는 보통 7m 내외입니다.

Tip 소소한 팁

• 사진 해상도가 현수막 크기에 비해 떨어질 수 있지만, 멀리서 봤을 때 크게 티가 나지 않기 때문에 괜찮습니다.

• 우리 반 급훈을 나타내는 그림을 1~2m 너비의 현수막으로 꾸며서 교실에 게시해도 좋습니다.

우리 반 로봇 제작기

우리 반 로봇공학연구소(?)에서
특수 제작한 슈퍼 로봇 1호입니다.
재미있는 로봇을 함께 만들면서
아이들에게 평생 잊지 못할 추억을
선물해 보아요!

① 마을 인근 고물상과 철물점을 뒤져서

② 재료를 구했습니다.

③ 뼈대는 철제 캐리어, 몸통은 폐 컴퓨터

Tip 소소한 팁

케이블 타이로 고정해요!

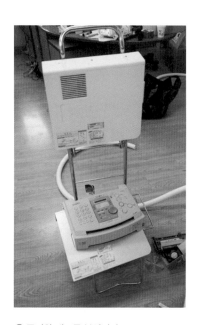

④ 준비한 재료를 붙입니다.

⑤ 실제로 구동되어야 하는 모니터 장착!

⑥ 스프레이로 락카 도색 작업

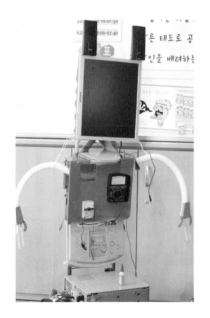

⑦ 스피커, 모니터 그리고 구형 폐기 컴퓨터(모니터 영상을 간신히 돌릴 정도의 사양) 장착!

⑧ 학교에 굴러다니는 전류 측정기와 과학상자 부품으로 외관 꾸미기

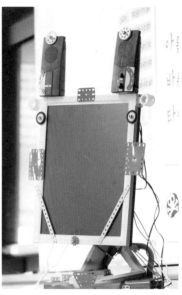

⑨ 얼굴도 꾸며 주고!(모니터 테두리에 노란색 제본 테이프 + 싸구려 스피커)

최첨단 서라운드 돌비 시스템 스피커 장착!(시가 5천 원)

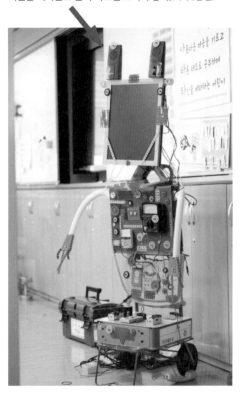

친환경 절전 구조, 스위치 접점식 1.5v 건전지로 구동되는 인공지능 에어 쿨링 컨디셔널 냉각 시스템.

로봇의 심장은 듀얼 전류 측정회로 공조 엔진.

첨단 수공업 방식으로 제작되어 장인의 손길이 느껴지는 디지털 명품!

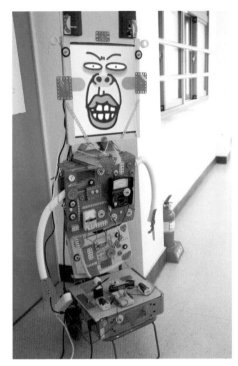

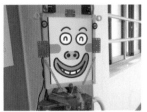

로봇 얼굴은 우리반 아이들 영상으로~!

www.oktoon.net/187

이것이 진정한 리얼 스틸 휴머니즘

참고 작품 _ 백남준(1932~2006) 비디오 아트
비디오 아트는 텔레비전 화면을 표현 매체로 이용하는 예술입니다.
비디오 아트의 개척자인 백남준의 다양한 작품을 백남준아트센터(http://www.njpartcenter.kr)에서 직접 볼 수 있습니다.

율곡 (혼합재료,165x189x48cm, 2001년)

PART 6

만화로 뚝딱!

6-01 범인을 잡아라, 몽타주

1~6학년 ★★★★★ #얼굴 그리기 #설명 듣고 상상하여 그리기

체육 시간,
빈 교실에서 사탕이 없어졌습니다.
다행스럽게도 옆 반 친구들이
범인의 얼굴을 목격했답니다.
친구들의 목격담을 듣고,
몽타주를 완성해 보아요!

우리 반 아이들이
그린 몽타주인데…
범인은 과연
누굴까?

준비물 옥이샘 활동지, 연필(또는 사인펜이나 네임펜)

활동방법

1 옥이샘 활동지를 나눠준다.

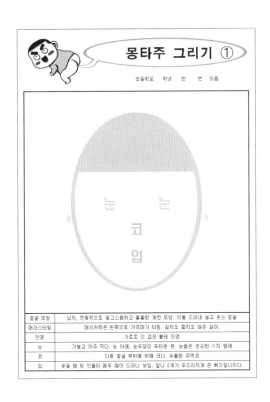

2 활동지에 제시된 목격담을 근거로 범인의 얼굴을 그린다.

3 모두 그린 후에, 한꺼번에 그림을 들어 선생님에게 보여준다. (선생님은 범인을 미리 알고 있음)

4 범인과 가장 유사한 몽타주를 그린 친구가 누구인지 알아본다.

5 범인을 공개한다.

Tip 소소한 팁

옥이샘 활동지의 인물 이외에 다른 인물로 바꿔서 해도 좋아요.
고학년인 경우 연예인 얼굴로 하면 더 재미있어요!

6-02 캐치캐치, 캐리커쳐

3~4학년 ★★★★ **5~6학년** ★★★★★ #캐리커쳐 #만화 수업 #친구 사랑

만화가 아이들에게 도식화된 그림을 주입시킨다는 우려가 있습니다.

실제로 만화 그리기를 좋아하는 아이들의 그림을 보면 시중에 유행하는 만화나 게임 캐릭터를 따라 그리다 보니 대부분 비슷하고 획일적입니다.

기성 작가의 만화 그림을 단순히 베껴 그리는 것은 아무리 완성도가 뛰어나다 하더라도 도식화된 그림 테크닉, 그 이상은 아닐 것입니다.

하지만 대상을 실제로 보고 관찰하면서 자신만의 방식으로 표현하는 일은 분명 창조적인 작업입니다.

따라서 캐리커쳐 만화를 그릴 때에는 "보고 그리기"가 그 바탕이 될 수 있도록 지도합니다.

옥이쌤이 그린
동료 선생님들의
캐리커처!

준비물 옥이샘 캐리커처 활동지, 연필, 검정색 네임펜

자료 다운로드
캐리커처 🔍
www.oktoon.net/304

활동방법

1   옥이샘 캐리커처 활동지를 나눠준다.

2   모둠원 중 한 명의 얼굴을 관찰하면서 활동지에 캐리커처를 그린다.

3   연필로 먼저 그린 후에 검정색 네임펜으로 덧그린다. 연필선은 나중에 지우개로 지운다.

Tip 관련 활동

〈얼굴 그리기 지도법〉(24p)을 참고하세요!

Tip 캐리커처를 활용한 수업 놀이

1. 다 그린 캐리커처를 선생님에게 제출합니다.

2. 선생님이 캐리커처를 한 장씩 보여줍니다(실물 화상기를 이용하거나 미리 사진으로 찍어서 TV 화면으로 보여줘도 좋습니다).

3. 캐리커처를 보고 누구인지 알아맞히기 놀이를 합니다.

Tip 소소한 팁

캐리커쳐라는 장르 자체가 인물의 특징을 과장하는 그림임을 미리 알려주고,

아이들끼리 기분이 나쁘거나 갈등이 생기지 않도록 주의해요.

밝고 유쾌한 분위기 속에서 활동이 이루어지도록 하고,

그럼에도 갈등이 우려된다면 '담임 선생님 얼굴 캐리커쳐 그리기'로 대체해도 좋아요!

김철표 선생님 캐리커쳐를 그린 한내초 6학년 1반 아이들

6-03 앗, 깜짝이야!

1~6학년 ★★★★★ #만화 #상상하여 그리기

그림의 일부를 제시하고,
나머지를 아이들의 상상으로 채우는 만화 그리기 활동입니다.
깜짝 놀랐던 본인의 경험을 그리도록 하면
아이들의 일상 생활을 엿볼 수 있답니다.

준비물 옥이샘 도안, 색연필, 사인펜, 8절 도화지(선택)

활동방법

1 옥이샘 도안을 인쇄한다.

2 깜짝 놀랐던 최근의 경험을 떠올리며 그릴 내용을 구상한다.

3 옥이샘 도안을 오려서 도화지에 풀로 붙인다.
(또는 옥이샘 활동지를 그대로 활용해요!)

4 구상한 그림을 그리고, 색연필, 사인펜 등 다양한 도구로 색칠한다.

Tip 소소한 팁

귀신이나 괴물 등 무서운 게임 캐릭터를 그리는 경우가 많기 때문에, 아이들에게 자신의 경험을 담은 그림을 그리도록 미리 지도하는 것이 좋아요!

6-04 상상으로 채우기

5~6학년 ★★★★★ #만화 그리기 #빈칸 상상으로 채우기

초등학교 아이들에게
컷 만화를 그리도록 하면
무척 난감해 합니다.
컷 구성과 그림, 이야기를 함께 구성해야 하는
만화 창작 활동은 의외로 어려운 활동이기 때문입니다.
그래서 만화의 일부 내용을
상상으로 채우는 활동을 추천합니다.

준비물 옥이샘 활동지, 연필, 색연필, 사인펜

활동방법

1 옥이샘 활동지를 인쇄하여 나눠준다.

2 어떤 이야기를 담을지 구상하고, 빈칸을 상상하여 채워 그린다.

만화의 이야기를 짜임새 있게 구성하는 것도 그림 그리기 못지않게 창의성이 요구되는 활동입니다. 기발한 발상이나 아이디어를 칭찬해 주세요!

6-05 3단 분리 캐릭터 책

1~6학년 ★★★★★　 #캐릭터 #만화 수업 #모둠 활동

모둠원이 그린 캐릭터를 모아서
또 다른 캐릭터를 다양하게 조합해 보는 활동입니다.
의도하지 않았지만 우스꽝스러운 모양의 캐릭터가
등장하면 다 함께 웃음을 터뜨리게 됩니다.

준비물 옥이샘 3단 분리 캐릭터 활동지, 검정색 네임펜, 색연필, 사인펜, 가위, 제본 테이프, 스테이플러

활동방법

1 옥이샘 활동지에 연필로 캐릭터의 얼굴, 상체, 하체를 구분하여 그린다.

2 검정색 펜(네임펜)으로 연필선 위에 덧그린다. 검정색 네임펜으로 덧그리면 나중에 색칠하기 쉽고, 형태가 명확해진다.

3 덧그리기를 마친 후 연필선은 지우개로 지운다.

4 색연필, 사인펜 등으로 색칠한다.

5 모둠 아이들의 캐릭터 그림을 모은 다음, 스테이플러로 왼쪽 끝부분을 박음질한다.

6 제본 테이프를 박음질 부분에 붙인다.

7 모둠별로 완성한 캐릭터 책을 선생님이 가위로 활동지의 선을 따라 3등분하여 자른다.

Tip 소소한 팁

캐릭터의 신체를 자르는 것 처럼 보여 초등학생들에게는 부담스러울 수 있기 때문에 선생님이 직접 잘라주면 좋아요!

Tip 소소한 팁

옥이샘 활동지 대신에 4절 크기의 색상지를 이용해서
모둠 협동 활동으로 더욱 크게 만들 수도 있습니다.

이런 활동도 있어요! : 모여라! 눈, 코, 입

준비물 검정색 펜, 색연필, 사인펜, A4 용지(또는 도화지), 휴대폰(모둠당 1개, 촬영용)

활동방법

1 A4 용지 또는 도화지를 3등분하고 각각 눈, 코, 입을 따로 그린다.

2 색연필, 사인펜 등으로 색칠한다. (도화지에 그릴 경우 물감을 사용해도 괜찮아요!)

3 휴대폰으로 눈, 코, 입을 따로 따로 촬영한다.

4 서로의 얼굴에 대보면서 즐겁게 논다.

학급운영 꿀팁 ^{Tip}
UCC 영상 & 웹툰 도전기

요즘 청소년들에게 유튜브 영상과 웹툰은 일상이 되었습니다. 어른들 세대에서는 생소한 직업인 유튜브 크리에이터나 웹툰 작가를 꿈꾸는 아이들도 종종 있습니다. 아이들이 디지털 세상의 단순한 소비자에 머무르지 않고, 직접 영상과 웹툰을 제작하는 경험을 통해 디지털 시각문화 시대에 진정한 주인으로 살아가길 바랍니다.

〈옥이샘〉 유튜브 채널에는 학생인권, 문화 다양성, 안전 등 다양한 주제의 영상이 있습니다. 수업 자투리 시간이나 쉬는 시간에 아이들과 함께 봐도 좋아요!

▶YouTube 옥이샘 🔍

옥이샘 유튜브채널

Tip 소소한 팁

옥이샘이 주로 사용하는 편집 프로그램은 〈피나클 스튜디오 14〉입니다. 가격이 저렴하고 메뉴가 한글로 되어 있어 사용 방법이 쉽습니다. 요즘은 스마트폰 어플로 아이들도 어렵지 않게 동영상을 촬영하고 편집까지 할 수 있답니다. 고학년 아이들과는 스마트폰 어플을 활용한 영상 제작 활동을 모둠별로 해도 좋습니다.

무지개 빛깔 비빔밥

무지개처럼 다양한 세상을 꿈꾸다.

(제1회 전국 초중고등학생 문화다양성 UCC 공모전 대상)

토끼와 자라

학교폭력으로 상처받은 토끼를 도와주는 자라!

(학교폭력 제로 환경 조성 UCC 공모전 특별상)

쥬라기 스쿨

쥬라기 공룡들이 학교에서 펼치는 에너지 절약 캠페인!!(UCC 영상 부문 : 학생자치회와 함께하는 에너지 절약 UCC 공모전 최우수상, 포토툰 부문 : 제37회 에너지 절약 작품 현상공모전 최우수상)

세계명작동화

호랑이를 피해 세계를 방랑하는 오누이, 해님 달님이 되어 세상을 아름답게 비추다!

(제2회 전국 초중고등학생 문화 다양성 UCC 공모전 최우수상)

영상

전설의 전학생

불량소년 제임스 박의 좌충우돌 학교 적응기

(한내초 학생자치회 홍보 영상)

우리 진수가 작아졌어요!

친구들을 괴롭히던 진수가 몸이 작아지는 경험을 통해
진심으로 자신의 잘못을 뉘우친다.

(진가초등학교 학예회 영상)

선생님 그림 동화

스승의 날을 맞아 담임 선생님에게 감사의 마음을 전하다!

(스승 존경 제자 사랑 UCC 공모전 은상)

금학교 은학교

금보다 은보다 더 소중한 우리 학교 이야기

(제1회 어린이 UCC 페스티벌 우수상)

힘을 내요 슈퍼 파워~맨

화가가 꿈인 정현이의 두 번째 웹툰 공모전 수상작.
슈퍼 파워~맨, 생명의 소중함을 전하다!

(학생자살예방 및 생명존중 작품 공모전 웹툰 부문 최우수상)

진돌이와 삽살이의 독도 3종 경기

웹툰 작가가 꿈인 수진이의 데뷔작.
진돌이와 삽살이가 펼치는 독도 사랑, 나라 사랑 이야기!

(청소년 나라사랑 콘텐츠 공모전 웹툰 부문 대상)

Tip 소소한 팁

초등학생에게 웹툰을 지도할 때는 꼭 컴퓨터를 활용하지 않아도 됩니다. 펜, 색연필, 사인펜 등으로 그리고 스마트폰으로 사진을 찍어서 클래스팅이나 학급밴드에 올려서 서로 감상하도록 합니다. 매체가 디지털 기기로 바뀌었을 뿐이지 본질은 창의적인 사고를 통해 우리 자신의 목소리를 내는 것이랍니다.

PART 7

친구 사랑으로 뚝딱!

7-01 생명의 복도

3~6학년 ★★★★★ #생명 존중 #친구 사랑 #학교폭력예방 #인권교육 #생명의 다리 #복도 미술 #동학년 프로젝트

투신 자살을 막기 위해 다리 난간에 희망의 문구를
적어 놓은 서울 마포대교 '생명의 다리'에서 아이디어를 얻었습니다.
친구들에게 생명 존중과 희망의 메시지를 전달하는
생명의 복도 프로젝트!

준비물 코팅 용지, A4 용지, 사인펜, 색연필, 투명 테이프

www.oktoon.net/258

활동방법

1　코팅 용지를 길게 여러 개로 자른다.

2　A4 용지에 희망의 문구를 꾸미고, 글자를 가위로 오려서 코팅 용지 사이에 배치한다.

3　코팅한 뒤 투명 테이프로 창틀이나 복도 빈 공간에 붙인다.

7-02 생명의 풍선

1~6학년 ★★★★★　#생명 존중　#학교폭력 예방　#평화 교실　#인권교육　#친구사랑　#희망의 메시지　#사진　#날아보자

생명 존중과 희망의 메시지를 전해 주는 공동체 활동입니다.
교실 창문을 친구사랑 풍선으로 가득 채워
우리 반을 평화 교실로 만들어보아요.

준비물 옥이샘 풍선 도안, 두꺼운 8절 도화지, 가위, 딱풀, 색연필, 사인펜, 리본 끈(또는 공예용 노끈)

자료 다운로드
풍선
www.oktoon.net/307

활동방법

1   빈 벽을 배경으로 개성 있는 포즈로 사진을 찍는다.

2 두꺼운 도화지(검은 면)에 사진과 풍선 도안을 오려서 붙인다. (코팅을 하지 않기 위해서 도화지에 붙여요!)

3 희망의 글과 함께 풍선을 꾸민다.

4 풍선과 사진을 오린다.

Tip 소소한 팁
처음에 붙일 때는 큼직하게 오려서 도화지에 붙이고,
다 꾸민 다음 정밀하게 다시 오리면 됩니다.
1~2mm 정도 여유를 남기고 오리면 예뻐요!

5 리본 끈으로 풍선과 사진을 연결한다.

6 창문틀에 압정으로 붙인다.

Tip 소소한 팁

사진이 뒤집어지는 경우에는 사진 하단(발)에
도 압정을 붙입니다.

7-03 톡톡, 친구 사랑 톡

5~6학년 ★★★★★   #친구사랑 #온라인 예절 #모둠 활동 #학교폭력예방 #평화교실

고학년에서는 SNS를 통한
은근한 따돌림이 문제가 되기도 합니다.
온라인 공간을 학교폭력이 아니라,
친구 사랑의 장으로 만들어보아요.

준비물 옥이샘 활동지, 색연필, 사인펜

활동방법

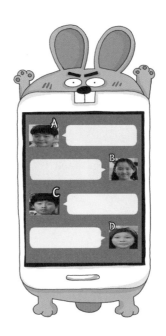

1 옥이샘 자료를 인쇄한다. (4인 기준 1부)

2 흰색 빈칸에 사진을 직접 붙인다.
   (HWP 문서에서 바로 얼굴 사진을 삽입해도 됨)

3 노란색 빈칸에 친구의 장점을 적는다. A학생은 B
   학생의, B학생은 C학생의, C학생은 D학생의, D
   학생은 A학생의 장점을 적는다. 이때 반드시 상대
   방의 이름을 적도록 한다.

4 코팅을 한 뒤 교실 잘 보이는 곳에 전시하여 함께
   보도록 한다.

Tip 소소한 팁

• 〈칙칙 친구, 칭찬 기차〉(182p)처럼 뒷게시판에 붙이기, 윗부분에 펀치로 구멍 뚫고 줄로 이어서 전시하기, 뒷면에 받침대 만
  들어서 사물함 위에 세워서 전시하기 등으로 활용하세요.
• 테두리 바깥의 흰색 부분을 살짝 남기고 오려서 코팅하면 더 예뻐요!

7-04 칙칙 친구, 칭찬 기차

1~6학년 ★★★★★　#친구 사랑 #롤링페이퍼 #학교폭력예방 #평화교실 #교실 뒷판 환경

차량과 차량이 서로 연결되어 이동하는
기차의 협동적인 이미지를 차용한
친구 사랑 활동입니다.

준비물 가위, 압정, 투명 테이프, 옥이샘 칭찬 기차 도안

(코팅을 할 경우 : 코팅 용지 / 코팅을 안 할 경우 : 두꺼운 도화지, 풀)

활동방법

1 옥이샘 도안을 인쇄한다.

첫머리 기차는 한 장!

이어지는 객차는 인원 수에 맞게

2 객차 이미지를 한 장씩 아이들에게 나눠주고 자신의 이름을 적도록 한다.

3 롤링페이퍼처럼 돌아가면서 칭찬을 적도록 한다. 칭찬은 구체적으로 적고, 적은 사람의 이름도 적도록 한다.
(예 : 너는 국어 시간에 발표를 참 잘해! - 진수)

이름 적는 곳

칭찬 적는 곳

4 코팅을 하거나 두꺼운 도화지에 붙인다.

5 뒷면에 우드락 조각을 덧대고 압정을 거꾸로 올린 다음 넓은 투명 테이프로 접착한다.

6 교실 뒷판에 붙인다.

허쌤의 올베우스 4대 규칙 : 따돌림을 예방하는 평화 교육

노르웨이의 심리학자 댄 올베우스(Dan Olweus)가 학교폭력을 없애기 위해 아래와 같이 4대 규칙을 만들었습니다. 우리나라에서는 허승환 선생님의 강의와 저서를 통해 교실 현장에 알려지고 있습니다. 학기 초 교실 정면에 올베우스 4대 규칙을 게시하고, 하루에 하나씩 규칙을 알아보며 아이들과 서로 이야기 나누어보세요.

자료 다운로드
올베우스
www.oktoon.net/293

규칙1 우리는 다른 친구를 괴롭히지 않을 것이다.

규칙 2 우리는 괴롭힘을 당하는 친구를 도울 것이다.

규칙 3 우리는 혼자 있는 친구들과 함께 할 것이다.

규칙 4 만약 누군가 괴롭힘을 당하게 된다는 것을 알게 된다면 우리는 학교나 집의 어른들에게 이야기할 것이다.

7-05 친구 사랑 생일책

1~6학년 ★★★★★　#생일 #친구 사랑 #매달 학급 행사

생일을 맞은 친구에게 우리 반 구성원 모두가
정성을 모아 생일책을 만들어줍니다.
생일 축하 메시지와 더불어 그 친구의 장점을 칭찬하고,
평소에 하고 싶었던 말도 적게 합니다.

준비물 사인펜, 색연필, 옥이샘 도안 자료

(선생님 준비물 : 제본 테이프, 칼, OHP필름)

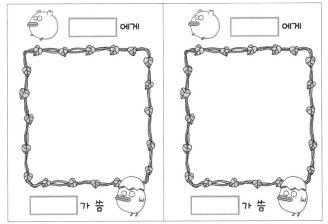

1쪽은 표지
2쪽은 담임 선생님 편지
3쪽부터 반 아이들 편지

활동방법

1 표지에 생일을 맞은 학생의 이름을 기입한다.

2 선생님이 편지를 작성한 뒤 A4 용지에 인쇄하여 절반
   으로 자른다.

3 학생들에게 나눠주고 편지를 쓰게 한다. (생일 축하 인사,
   그 친구의 장점, 칭찬 등)

4 편지를 수합한다.

5 표지 – 선생님 편지 – 아이들 편지 순으로 구성한다.

6 스테이플러로 왼쪽에 제본을 한다.

7 제본 테이프로 붙여 완성한다.
   (표지 좌측 실선을 따라 붙이면 편해요!)

Tip 소소한 팁

맨 앞장과 뒷장에 OHP 필름을 넣으면 더욱 예뻐요!

한 걸음 더

표지에 옥이샘 도안을 그대로 활용해도 되지만,
아이들이 직접 꾸민 표지와 속지로
생일책을 만들어도 좋아요!

허쌤의 콜버그 도덕성 발달 6단계 활용하기

허승환 선생님은 서로 협력하는 평화 교실 조성을 위해 콜버그의 도덕성 발달 6단계를 학급운영의 주축으로 활용하고 있습니다. 내면화를 위해 교실에 항상 게시해 두고, 일주일에 한 번 정도는 함께 읽습니다. 저학년 교실에서도 충분히 활용 가능합니다.

7-06 공동체 벽화 프로젝트

5~6학년 ★★★★★ #공동체 중심 미술 교육 #벽화 #공공미술 #마을교육공동체 #학교 중심 문화 예술 프로젝트

협동성을 바탕으로 공동체 의식을 함양할 수 있는 대표적인 미술 활동이
바로 벽화 그리기입니다. 그러나 벽화를 학교 현장에서
아이들과 함께 그리기에는 현실적인 제약과 어려움이 많습니다.
교직에 첫발을 내딛었을 때부터 지금까지
매년 아이들과 공동체 벽화 프로젝트를 운영하면서 얻은 구체적인 노하우를 소개합니다.

준비물 아크릴 물감, 아크릴 붓, 페인트 붓, 종이컵, 목재 합판, 젤스톤

아크릴물감

200ml 이상 큰 통으로 준비해요.
인터넷으로 구매하면 저렴한 가격에
구매할 수 있답니다.

아크릴 붓

페인트 붓

다양한 크기로 준비해요!

목재 합판

내벽 대신 목재 합판에 그리면
제작 과정이 훨씬 수월합니다.
또한 나중에 부착 위치를 옮길 수도 있어요.
캔버스보다 가격이 저렴하고.
나사피스를 이용하면 벽에 부착과 고정이 쉽습니다.
가로 2m, 세로 1.2m 정도의 목재 합판은
인터넷에서 구매 가능합니다.
두께는 10mm 내외가 적당해요.

종이컵

팔레트 대신 쓰는 용도.
아크릴 물감을 종이컵에 짜서
손에 들고 채색을 해요.
새 제품보다는 쓰고 버린 종이컵을
모아서 재활용하면 좋아요.

젤스톤

독특한 질감 효과를 낼 수 있어요.

활동방법

일반적인 벽화는 건물 외벽에 페인트를 이용해서 그립니다. 그러나 외벽에 그린 벽화는 자외선과 비, 바람에 노출되면서 도색 수명이 길지 않지요. 수성 페인트로 그린 벽화의 경우 2~3년 정도면 색이 변형되고 표면이 부분부분 떨어져나갑니다. 게다가 주재료인 페인트는 다양한 유기화합물로 구성되어 있기 때문에 인체에 유해하고, 아무리 친환경 페인트라도 염려스러운 점이 있답니다. 따라서 초등학교 현장에서 아이들과 함께하는 벽화 활동은 건물 '내벽' 공간을 활용하고, 재료는 페인트 대신 '아크릴 물감'을 추천해요. 또한 내벽에 바로 그리는 것보다 목재 합판에 그림을 완성한 후 벽에 부착하는 것이 좋아요.

1　공간 정하기 : 벽화가 위치할 학교 내 장소를 물색한다.

중앙 현관의 옛 게시물을 다른 곳으로 옮기고 여기에 벽화를 붙이기로 했어요!

우리가 다니고 싶은 꿈의 학교를 그리고 싶어요!

2　모여서 구상하기 : 어떤 그림을 그릴지, 언제 어떻게 모일지 아이들끼리 모여서 의논한다. (장기간 방과후에 이루어지는 프로젝트의 특성상 학급 단위보다는 동아리 형태의 운영을 추천해요!)

3 목재 합판에 그리기

- 그림의 크기가 커졌을 뿐이지, 아크릴 물감을 이용한 채색 방법은 〈처음 만나는 서양화〉(90p)에 소개한 방법과 같다. '어두운 색 → 밝은 색'으로 점점 색을 입혀나간다.

- 목재 합판의 좋은 점은 그리는 장소의 구애를 받지 않는다는 것이다. 벽화의 부착 위치는 중앙 현관이지만, 활동 장소는 미술실이다. 점심시간이나 수업이 끝난 오후에 아이들이 자유롭게 틈틈이 그린다.

- 인터넷으로 배송되는 목재 합판의 가로 길이는 2m 정도이기 때문에 더 긴 작품을 그리고 싶다면 옆의 사진과 같이 두 개를 나란히 놓고 그리면 된다. 나중에 부착할 때 두 개를 맞대고 붙인다.

- 목재 합판이 기대진 벽면과 바닥에 비닐을 깔아서 물감이 묻지 않도록 한다.

- 제작 기간은 넉넉하게 3~5개월 정도 한 학기 프로젝트로 운영한다.

4 벽에 붙이기 : 전동 드라이버
와 피스나사를 이용해서 그림
이 그려진 목재 합판을 벽면
에 부착한다.

이천 한내초등학교 아빠들이 직접 아이들 벽화 공간을 더욱 멋지게 꾸며주기 위해서 모였습니다. 학생들의 벽화 프로젝트에 아빠들이 주체적으로 참여하고 학교
의 지원을 받아 중앙 현관을 문화예술공간으로 아이들에게 돌려주었습니다.

키즈 게르니카 평화의 벽화 프로젝트
(Kids' Guernica International Children Peace Mural Project)

피카소의 〈게르니카〉는 전쟁의 참상을 그린 대형 벽화 작품입니다.
일반적인 벽화와 달리, 세계 여러 나라로 옮겨다니며 평화의 메시지를
전할 수 있도록 벽이 아닌 캔버스에 그려졌습니다.
이 작품에서 영감을 받은 활동이 바로
'키즈 게르니카 국제 어린이 평화의 벽화 프로젝트'입니다.
편견과 차별 없는 세계 평화를 이루기 위해
세계 여러 나라의 어린이들이 평화의 의미를 대형 캔버스 천에 담아 벽화로 완성하고 있습니다.
우리나라에서는 김정효 경인교대 교수가 키즈 게르니카 프로젝트를 직접 계획하고
협동적 미술 활동을 통한 평화 교육을 실천하였습니다.

키즈 게르니카, 한국(2010)

키즈 게르니카, 일본(2010)

키즈 게르니카, 인도(2013)

키즈 게르니카, 폴란드(2014)

이별 선물은 학급 앨범으로

3월부터 12월까지 평소에 촬영한 아이들 사진을 개인 폴더별로 보관한 뒤 겨울 방학에 인터넷 사진 인화 사이트의 제작 툴을 활용하여 앨범 제작을 합니다. 제작은 대략 2~3일 정도 소요됩니다. 담임 선생님에게도 1년을 되돌아보는 소중한 시간입니다.

제목은 'ㅇㅇ이의 꽃다운 ㅇ학년'이라고 지었습니다. 아이들마다 각각 자신만의 앨범을 선물 받게 됩니다. 아이들 수보다 한 권 더 제작하는데 여기에 우리 반 아이들 모두의 독사진을 넣습니다. 이 앨범은 담임 선생님 스스로에게 주는 선물이 됩니다.

앨범의 전반부는 개인 독사진, 후반부는 친구들과 찍은 사진으로 구성합니다.

뒤표지에는 QR코드를 삽입하여 아이들과 촬영한 학급 영상을 나중에 다시 볼 수 있도록 하였습니다.

학급 문집의 크기는 이 정도예요!

그림 대신 아이들 사진으로 표지를 꾸며도 좋습니다.

Tip 소소한 팁

학급 앨범 제작의 가장 큰 걸림돌은 바로 비용입니다.
인터넷의 사진 인화 사이트에서 알아보면
권당 만 원 내외의 가격입니다.
학생 수와 학급 수가 적은 6학급 학교에서는
학교 예산으로 충당해도 부담이 그리 크진 않습니다.

PART 8

마음으로 뚝딱!

8-01 차분하게 만다라

1~6학년 ★★★★★　#만다라 #미술 치료 #조용한 미술시간

부정적인 감정을
공격적인 말이나 폭력이 아닌 다른 방법으로 표현하도록
도와주면 좋습니다.
그중 대표적인 방법이 바로 만다라 그리기입니다.
만다라 미술 활동으로 아이들의 마음을 차분하게 만들어보아요.

만다라

종교적 의미의 원형 미술이었으나,
칼 구스타프 융(Carl Gustav Jung,1875~1961)에 의해 심리 치료에 도입되었습니다.
현대에 와서도 미술 치료 및 심리적 안정을 위해 다양하게 활용되고 있습니다.
(만다라 도안을 다운로드 받을 수 있는 사이트 : https://www.free-mandalas.net)

준비물 색연필, 사인펜, 옥이샘 만다라 활동지

자료 다운로드
만다라
www.oktoon.net/309

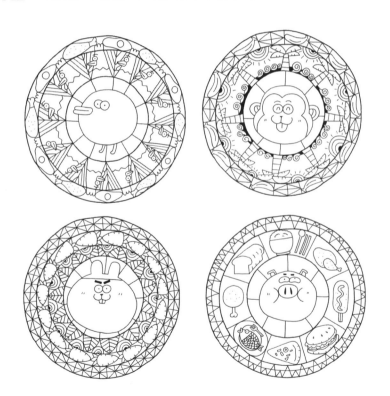

활동방법

1 옥이샘 만다라 도안을 인쇄하여 나눠준다.

2 색연필, 사인펜 등을 사용해서 만다라 도안을 색칠한다.

Tip 소소한 팁

도안을 색칠할 때 조용한 명상 음악을 들려주면 좋아요!

이런 활동도 있어요!

자료 다운로드
젠탱글 만다라
www.oktoon.net/315

젠탱글 만다라 그리기

〈젠탱글 패턴〉(65p 참고)을 활용하여 직접 만다라 도안을 그려볼 수 있습니다.

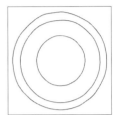

식물로 만다라 꾸미기

준비물 떨어진 꽃잎이나 나뭇잎, 풀잎, 색 접착 시트지, 가위, 컴퍼스

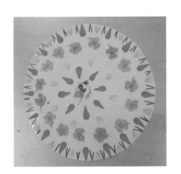

활동 방법

1 색 시트지에 컴퍼스를 이용해서 원을 그린다.

2 가위로 원을 오린다.

3 접착 시트지의 뒷면(끈끈한 면)이 위로 보이게 책상 위에 올려놓는다.

4 접착면이 드러나게 시트지 겉면을 뗀다.

5 꽃잎, 풀잎 등을 접착면에 붙여서 자기만의 만다라 모양을 꾸민다.

   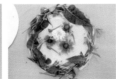 

8-02 나의 마음, 감정툰

1~6학년 ★★★★★ #감정툰 #감정을 표현하기 #공감하기

1. 어떤 감정을 표현하고 싶은 가요? (미안하다)

2. 이 감정을 느꼈던 경험은 무엇인가요? (목욕탕에서 토끼 한테 등을 밀어달라고 부탁했다)

우리 아이들이 자기 감정의 설계자로서
주체적인 삶을 살고, 타인의 감정을 공감하며
더불어 사는 행복을 느끼길 바랍니다.

준비물 색연필, 사인펜, 옥이샘 감정툰 활동지, 옥이샘의 감정툰 카드

활동방법

1 옥이샘의 〈감정툰 카드〉를 모둠별로 한 세트씩 준비한다.

2 옥이샘 감정툰 활동지를 인쇄하여 나눠준다.

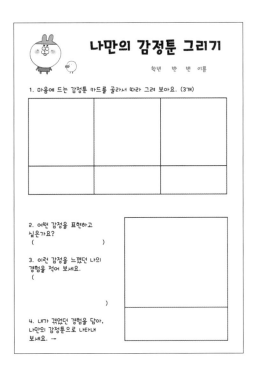

3 감정툰 카드를 책상 위에 펼쳐놓고, 최근 자신의 감정과 관련된 카드 세 장을 고른다.

4 세 장의 카드를 활동지 1번 칸에 따라 그린다.

5 자신이 표현하고 싶은 감정을 활동지 2번에 적는다.

6 2번에 적은 감정과 관련된 나의 경험을 3번에 적는다.

7 나의 경험을 담아 나만의 감정툰을 4번 빈칸에 그린다.

8 모둠원끼리 완성된 감정툰을 돌려본다.

9 자신의 감정을 경험과 관련지어 발표하고, 다른 친구의 이야기 도 경청하며 공감한다.

Tip 소소한 팁

활동지 4번 나만의 감정툰을 그릴 때 기존의 감정툰 카드 캐릭터를 따라 그리는 것이 아니라 자신의 경험을 담아 그리도록 지도합니다.

설레다

오늘 친구들과 놀러가서 맛있는 음식을 먹을 생각을 하고 있다.

슬프다

내 생일날 토끼가 죽었다.

답답하다

밖에 나가서 놀고 싶은데 공부를 해야 한다.

목이샘의 감정툰 카드는?

- 감정 표현하기 : 자신의 감정을 느끼고 표현할 수 있습니다.

- 공감하기 : 친구의 감정을 알고 함께 느낄 수 있습니다.

- 학생들에게 친숙한 만화 도구로 구성하여 재미있게 활용할 수 있습니다.

- 인성교육, 교과(도덕, 영어, 미술, 국어, 창체), 상담 등 다양한 영역에 활용할 수 있습니다.

후회하다
Regretful

잘못을 깨닫고 뉘우치게
되었어요.

미안하다
Sorry

남에게 미안한 먼저 못하고
부끄러워요.

신경질나다
Upset

못마땅하고 불쾌해요.

아쉽다
Sad

만족스럽지 못해요.

당황하다
Embarrassed

놀라서 어찌할 바를 모르겠어요.

쓸쓸하다
Friendless

외롭고 적적해요.

8-03 감정 고깔 인형

1~6학년 ★★★★★　#감정놀이 #감정툰 #고깔인형 #페이퍼토이 #페이퍼 크래프트 #공감 #친구사랑

미술 활동과 놀이를 통해
자신의 감정을 표현하고 타인의 마음을 공감하는
감정 학습을 할 수 있습니다.

준비물 옥이샘 감정 고깔 인형 도안, 검정색 네임펜, 연필, 지우개, 가위, 색연필(또는 사인펜), 풀(또는 양면 테이프), 옥이샘의 감정툰 카드(선택)

활동방법

1 옥이샘 감정 고깔 인형 도안을 인쇄하여 나눠준다. 이때 아이가 최근에 느낀 감정의 도안을 나눠주도록 한다. 기쁨, 슬픔, 화남 중에 해당되지 않는다면 직접 감정을 적을 수 있는 도안을 준다.

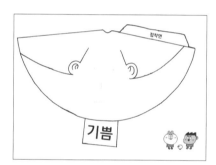

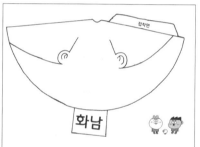

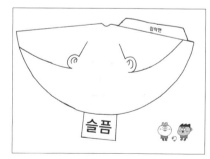

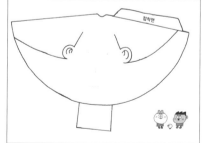

도안에 눈, 코, 입의 위치가 흐리게 표시되어 있어 아이들이 그리기 쉬워요!

2 연필로 감정에 알맞은 표정의 얼굴을 그린다. 연필선은 나중에 지울 것이기 때문에 너무 진하게 그리지 않도록 지도한다.

3 검정색 네임펜으로 연필선을 따라 덧그린다. (검정색 펜으로 덧그리면, 색칠하기 쉽고 형태가 더욱 명확하게 보여요!)

4 지우개로 연필선을 지운다.

5 색연필, 사인펜 등으로 색칠한다.

6 가위로 도안을 오린다.

7 접착면을 풀 또는 양면 테이프로 붙여 둥글게 말아서 완성한다.

(Tip) 소소한 팁

기쁨, 슬픔, 화남 이외의 감정 어휘가 아직 초등학생들에게 익숙하지 않을 수 있습니다. 이럴 때 〈감정툰 카드〉로 아이들에게 다양한 감정 표현을 알려주면 좋습니다.

감정 고깔 인형으로 이렇게 놀아요!

1 모둠원들이 만든 다양한 감정 고깔 인형을 책상 위에 포개어놓는다.

2 자신의 감정에 맞는 고깔 인형을 제일 위에 놓고, 관련된 경험을 친구들에게 이야기한다.

3 모둠원들은 발표하는 친구의 이야기를 경청하고 공감한다.

친구들과
생일 파티를
했어요!

우리집
강아지가
아파요!

동생이
내 사탕을
몰래 먹었어요!

8-04 마음 모아, 글자 모아

1~6학년 ★★★★★　　#우리반 모두 협동 작품 #그림 글자 #나태주 #풀꽃 #뒷판 교실환경

우리 반 모두가 참여하는 공동체 미술 활동입니다.
전체 문구를 정하고, 자신이 꾸밀 글자를 고를 때
학급회의를 통해 민주적인 절차를 밟습니다.

준비물 8절 도화지, 채색 도구(물감, 붓 등)

활동방법

1 우리 반 모두가 함께 만들 문구를 학급회의를 통해 정한다.
   (예 : 나태주 시인의 '풀꽃')

2 한 명당 한 개의 글자를 고른다.

3 자신이 고른 글자를 그림 글자의 형태로 자유롭게 꾸민다.

4 스테이플러로 교실 뒷판에 붙여 합친다.

 소소한 팁

물감 사용이 어려운 저학년은 사포에 크레파스로 꾸며도 좋아요!

박민주 선생님(수원 매여울초) 학급 작품

이런 활동도 있어요! : 모둠 그림 글자 문장 완성하기

모둠원끼리 문장을 정하고 그림 글자로 표현할 단어를
분담하여 완성할 수도 있어요.

8-05 마음 모아, 그림 모아

1~6학년 ★★★★★ #모둠 활동 #분할 협동화

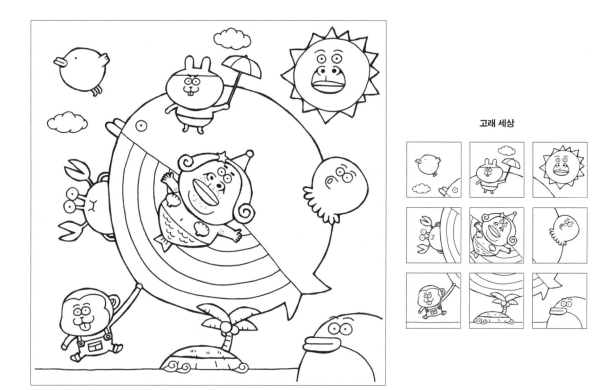

고래 세상

전체 그림이 어떤 모양인지 알지 못하는 상태에서
분할 그림을 나누어 그립니다.
다 그린 뒤에는 분할 그림을 모아서 모둠원들이 머리를 맞대어 조합해 보는 미술 놀이로 완성합니다.
개개인이 그린 그림을 모아 완성된 형태를 이루는 경험은
재미있으면서도 의미 있는 활동입니다.

준비물 색연필, 사인펜, 풀, 가위, 옥이샘 도안, 전지(109.2cm×78.8cm / 모둠당 한 장)

활동방법

1 한 학급을 세 모둠으로 나눈다.

2 각 모둠의 아이들에게 옥이샘 9분할 도안을 무작위로 나눠준다.
(한 모둠당 한 종류의 도안 : 1모둠 – 고래 세상/ 2모둠 –원숭이 언덕/ 3모둠 – 옥토끼 동산)

옥토끼 동산

원숭이 언덕

3 자신이 받은 분할 도안을 색연필, 사인펜으로 꾸민다.

(전체적인 그림이 어떤 모양인지 알려주지 않은 상태에서 시작하므로 아이들은 자신이 받은 도안이 어떤 그림의 일부인지 알지 못해요!)

4 정사각형 테두리 선을 따라 오린다.

5 다 꾸민 분할 도안을 모은다.

6 모둠원들이 머리를 맞대어 퍼즐을 맞추듯 전체 그림을 조합한다.

7 전지에 조합한 그림을 붙인다.

아이들 각자가 꾸민 작은 그림들이
모여서 큰 그림이 됩니다.
여기에 의미를 부여해서 교육적으로
활용하면 좋아요!

전지의 여백에
모둠원의 이름을 적어요!

옥이샘 클립아트

옥이샘이 그린 클립아트를 학급양식, 소식지, 안내장 등에 활용해 보세요.
비상업적이고 교육적인 목적이라면
얼마든지 저작권 걱정 없이 사용할 수 있습니다.

자료 다운로드
클립아트 🔍
www.oktoon.net/213

동물

곰	기린-01	기린-02	꽃게요리사	날아라토끼	남과북의만남-평권백곰	다행이에요-병아리
닭-01	닭-02	닭-03	닭-04	독수리	돼지-01	돼지-02
바나나먹는원숭이	바다괴물	반딧불이-02	반딧불이-03	병아리	사자	악어
얼룩말	여우	오리	우주-토끼	원숭이	코끼리	코끼리-02
탐험가포마	토끼	펭귄-01	펭귄-02	하마	호랑이

사람

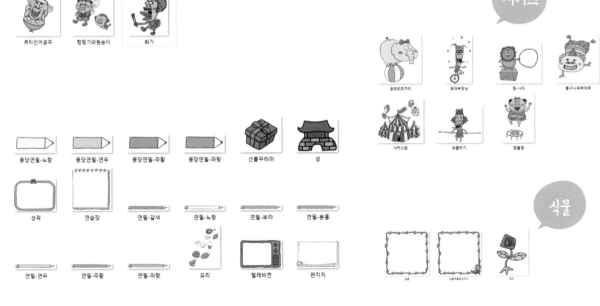

사물

서커스

식물

PART 9

시기에 맞게 뚝딱!

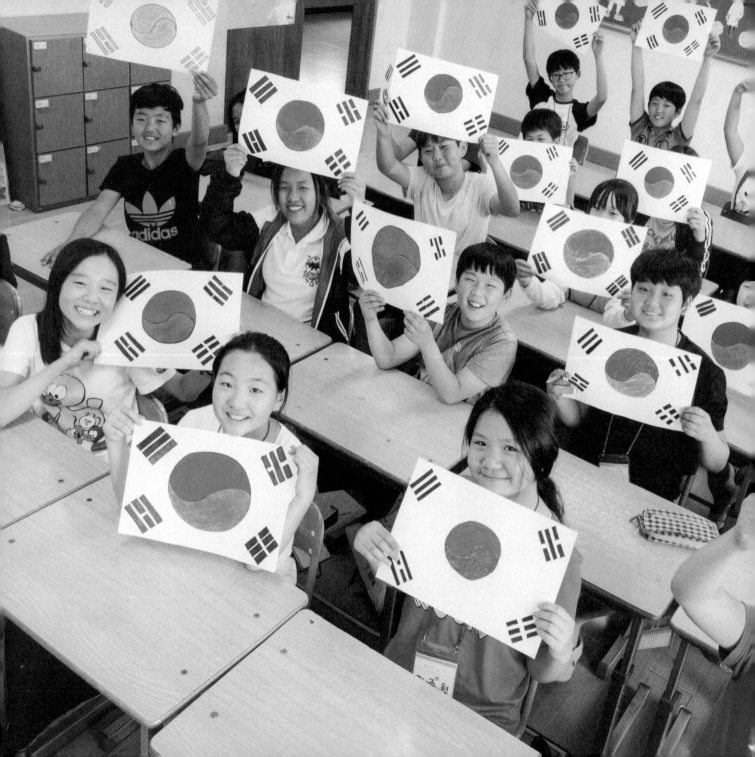

9-01 국경일 태극기 그리기

1~6학년 ★★★★★　　#태극기 그리기 #국경일 #나라사랑 #6월 #호국보훈의 달

준비물 채색 도구(사인펜, 색연필, 물감 등), 8절 도화지, 컴퍼스

활동방법

1　옥이샘 블로그에서 태극기 UCC 영상을 찾아 아이들에게 미리 보여준다.

2　TV에 태극기 이미지를 띄운다.

3　태극기를 보고 따라 그린다.

4　완성된 태극기를 교실에 전시하고 나라사랑의 의미를 다진다.

영상 보기

www.oktoon.net/247

223

9-02 한글날 그림 글자

1~6학년 ★★★★★ #그림 글자 #만화 글자 #한글날

한글날이구나! 의미있는 미술 활동이 뭐 없을까?

물론 있지!

글자는 정보를 교환하고
의사를 전달하는 수단인 동시에
시각문화로써 심미적인 기능도
수행합니다.
한글의 우수성과 아름다움에
자부심을 느끼면서
톡톡 튀는
그림 글자 미술 활동을 해보아요.

내가 알려주마!
한글날 추천 미술 활동!

고맙습니다.
세종대왕님!

1. 그림 글자로 내 이름 표현하기

준비물 색연필, 사인펜, 도화지 등

자신을 나타낼 수 있는 꿈, 특기, 좋아하는 것 등을 담아 내 이름을 그림 글자로 표현한다.

화가가 꿈인 김세은

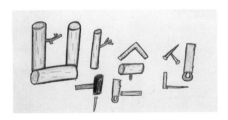

목공 예술가가 꿈인 박순신

오리를 좋아하는 곽채린

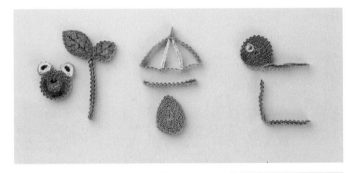

Tip 소소한 팁

색 골판지, 색상지, 펠트지 등 다양한 재료를 활용해서 내 이름을 꾸며도 좋아요!

2. 그림 글자로 동물 표현하기

준비물 색상지로 표현할 경우 – 색상지, 공예용 눈알, 풀, 가위 등

드로잉으로 표현할 경우 – 색연필, 사인펜, 도화지 등

자신이 표현하고자 하는 동물의 특징을 살려 그림 글자로 표현한다.

3. 동화의 한 장면 그림 글자로 표현하기

준비물 채색 도구(색연필, 사인펜, 물감 중 선택), 도화지, 색상지(선택)

동화의 한 장면을 그림 글자로 나타내도 좋아요. 모둠 협동 작품으로 추천해요!

9-03 깊은 바다, 하늘에 그리다

3~6학년 ★★★★★   #Remember 0416 #유리창 그림 #계기교육

세월호 참사로 안타깝게 희생된 이들을 추모하고
상처받은 이들을 위로하는 활동입니다.
아울러 우리 아이들의 힘으로
사회가 좀 더 변화하길 바라는 마음도 담아봅니다.

준비물 윈도우 마카(유리창에 쉽게 그리고 지울 수 있는 펜 [윈도우 마카 🔍]), 노란색 A4 용지, 투명 테이프

활동방법

1   종이에 미리 밑그림을 그려본다.

2   윈도우 마카를 이용해 창문에 직접 그림을 그린다.

3   노란 종이배를 만들어 낚싯줄에 묶어 천장에 매단다.

Tip 소소한 팁

천장에 못이 있을 경우 장구자석을 활용해 설치할 수 있어요!(33p 참고)

9-04 허허허, 허수아비

1~6학년 ★★★★★   #가을 #교실 뒷판 꾸미기

가을 분위기를 물씬 느낄 수 있는 미술 활동입니다.
아이들이 꾸민 허수아비로
우리 반 가을 교실을 꾸며보아요.

준비물 색연필, 사인펜, 옥이샘 도안

자료 다운로드
허수아비   🔍
www.oktoon.net/223

활동방법

1   옥이샘 도안을 A4 용지에 인쇄하여 나눠준다.

2   허수아비 도안을 자유롭게 색칠하여 꾸민다.

231

3 아이들이 그린 허수아비로 교실 뒷판을 꾸민다.

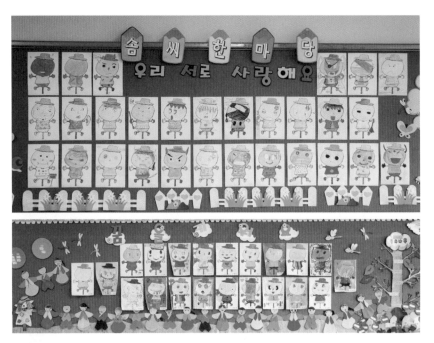

모양대로 오려서 코팅한 뒤에 압정으로 창틀에 붙여도 좋아요!

이런 활동도 있어요! : 빨대 허수아비

자료 다운로드
빨대허수아비 🔍
www.oktoon.net/311

준비물 색연필, 사인펜, 가위, 옥이샘 도안, 색깔 빨대, 투명 테이프, 펀치(선생님용)

활동방법

1. 옥이샘 도안을 인쇄하여 아이들에게 나눠준다.

2. 색연필과 사인펜으로 자유롭게 허수아비 얼굴과 옷을 꾸민다.

3. 다 꾸민 도안을 가위로 오린다.

4. 도안의 양 끝에 펀치로 구멍을 뚫는다.

5. 양쪽 구멍에 빨대를 끼운다.

6. 투명 테이프를 이용해서 빨대를 창틀에 고정시킨다.

Tip 소소한 팁

- 테두리 바깥 부분을 약간 남기고 오리면 오리기 쉽고 더 예뻐요!
- 종이가 얇기 때문에 시간이 지나면 허수아비가 빨대에 주저앉을 수 있습니다. 그래서 투명 테이프로 미리 뒷면을 고정시키는 것이 좋습니다.

9-05 메리 크리스마스

1~6학년 ★★★★★ #크리스마스 #봉투 #카드

크리스마스 시즌은 학년을 마무리하는 시기이기도 합니다.
연말 교실에서 아이들과 즐거운 추억을 쌓을 수 있는 다양한 크리스마스 활동을 소개합니다.

1. 크리스마스 봉투 만들기

준비물 옥이샘 봉투 도안, 풀

옥이샘 도안을 인쇄한 뒤 접는다. (접는 방법은 42p 영상을 참고하세요!)

ㄹ. 크리스마스 입체 카드 만들기

준비물 가위(또는 칼), 자, 풀, 양면 테이프, 카드 봉투, 색연필, 사인펜 등

Tip 소소한 팁

• 저학년이나 안전사고가 우려되는 학급에서는
  칼 대신 가위만 사용해도 충분해요.
• 내구성을 위해 풀보다는 양면 테이프 사용을 권장합니다.

활동방법

1 옥이쌤 크리스마스 그림 자료를 인쇄한다.

자료 다운로드
크리스마스 카드 🔍
www.oktoon.net/207

Tip 소소한 팁

자료에는 컬러 클립아트도 있지만 원본 밑그림(흑백) 도안도 있습니다. 학생들이 직접 색칠을 하는 경우 흑백 도안을 활용하세요.

2 겉지와 속지를 준비한다.

(일반 색상지로도 충분해요!)

3 입체적인 구성을 위해 캐릭터 받침대를 만든다.

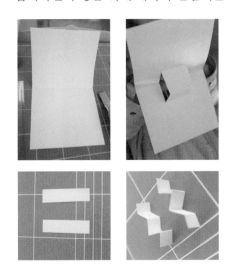

4 속지와 겉지를 붙여 카드 용지를 만든다.

5 그림 자료 캐릭터를 붙인다.

6 카드 봉투에 옥이샘 캐릭터를 붙이거나 직접 그려서 꾸민다.

3. 크리스마스 대형 리스 만들기

www.oktoon.net/312

준비물 2절 색상지(빨강, 초록), 양면 테이프, 폼폼, 글루건(선생님용)

활동방법

일반적으로 많이 알려진 종이접기 크리스마스 리스를 크게 만들어봅니다. 색종이 대신 2절 색상지를 재료로 쓰고, 풀 대신 접착력이 강한 양면 테이프를 활용합니다.

9-06 겨울에는 역시 눈사람

1~6학년 ★★★★★ #겨울 #학년말

추운 겨울이지만,
아이들이 꾸민 눈사람으로
따뜻한 학년 말을 맞이해요!

준비물 사인펜, 색연필, 노끈, 집게, 옥이샘 도안

활동방법

1 인쇄한 눈사람 도안을 두꺼운 도화지에 붙인다(코팅할 필요 없음).

2 색연필, 사인펜 등으로 눈사람을 꾸민다.

3 모양대로 오린 뒤 노끈과 집게를 이용해서 전시한다.

● 학급운영을 도와주는 옥이샘 교구 ●

교실 환경을 도와주는 교구

뚝딱 교실 환경 세트

- 급훈 + 동물 시간표 + 게시물 포켓
- 교실 앞 게시판 5분이면 뚝딱!
- 가위, 칼, 코팅, 종이 등 도구와 재료 필요 없음

뚝딱 칠판 꾸미기 세트

- 손가락 캐릭터 + 요일 + 단원 + 활동 1,2,3
- 칠판 꾸미기 1분이면 뚝딱!

허쌤X옥이샘의 평화교실 게시판 현수막

- 학교폭력 없는 평화 교실 만들기
- 교실 환경과 생활 교육을 하나로!

#콜버그 6단계 #올베우스 4대 규칙 #학교폭력지수 9단계

생활지도와 상담을 도와주는 교구

감정툰 출석부

- 이침미디 이이들 감정 살피기

#감정 두 줄 일기와 함께

스스로 체크판

#스스로 잘해요 #알아서 척척 #우유 #과제 #양치 #아침활동

감정툰 카드

- 놀이로 감정을 나누다

#감정놀이 #상담 #감정 표현하고 공감하기

뚝딱 우유 당번

#우유 지도 #우유 당번 스스로

다했어요

#우유 #과제 #수업활동

수업을 도와주는 교구

번호뽑기 통

• 아날로그 추첨 막대

#당첨 #발표 #당번 정하기 #수업놀이

교실 볼륨

• 교실 소리 약속

- 0단계 : 선생님 말씀
- 1단계 : 짝꿍끼리 소곤소곤
- 2단계 : 모둠토의
- 3단계 : 전체 발표

룰렛 돌림판

• 회전하는 원형 추첨판(세 종류의 그림판)

#보드마카로 썼다 지웠다 #뒷면 자석

발표 TV

• 발표를 재미있게 해주는 발표 도우미

허쌤 X 옥이샘의 골든벨 판

• 골든벨과 빙고 게임을 동시에

#수업놀이

아이스크림몰
또는 포털사이트 검색창에서
'옥이샘'을 검색하세요!

어린 시절부터 제 꿈은 만화가 였습니다.

교직에 들어온 후 아이들과 함께 지낸 일상을 만화로 그렸고,
여러 선생님들의 과분한 성원에 힘입어
교실 이야기를 두 권의 만화책으로 출판하기도 했습니다.

이렇게 아이들과 선생님들 덕분에
만화가의 꿈을 이루게 되었답니다.

시각문화교육 관점에서
학급운영하기

아이들과 함께 즐거운 학급운영에 대해 많은 고민을 했습니다.
그 결과물이 바로 시각문화 학급운영입니다.

이를 통해 아이들에게
주체적이고 창의적인 시각문화 활용 능력을 길러주고,
아이들이 성장한 뒤에도 더불어 함께하는 공동체 가치를
추구할 수 있기를 바랍니다.

오랜 교직 생활 동안 함께해 온
아이들에게 고마움을 전합니다.

그리고
한결같이 응원과 격려를 아끼지 않으신 전국의 초등학교 선생님들,
부족한 옥이샘의 실천을 도서로 나오게 도와주신
윤을식 지식프레임 대표께 진심으로 감사드립니다.

옥이샘, 옥상헌

옥이샘의 뚝딱 미술

ⓒ 옥상헌

1쇄 발행 2018년 7월 13일
5쇄 발행 2023년 1월 20일

글·그림·사진 옥상헌
발행인 윤을식

펴낸곳 도서출판 지식프레임
출판등록 2008년 1월 4일 제2020-000053호
주소 서울시 동대문구 청계천로 505, 206호
전화 (02)521-3172 | **팩스** (02)6007-1835

이메일 editor@jisikframe.com
홈페이지 http://www.jisikframe.com

ISBN 978-89-94655-64-2 (03370)

이 도서의 국립중앙도서관 출판예정도서목록(CIP)은
서지정보유통지원시스템 홈페이지(http://seoji.nl.go.kr)와
국가자료공동목록시스템(http://www.nl.go.kr/kolisnet)에서 이용하실 수 있습니다.
(CIP제어번호 : CIP2018018978)